質問家
マツダミヒロ

質問は人生を変える

「本音」と「本気」を引き出す力

きずな出版

はじめに――
自分は何を求めているのか

質問家のマツダミヒロです。
私はたった4つの質問で人生が変わりました。
それを魔法の質問メソッドと呼びます。
その質問とは

❶「何を？」（What?）
❷「本当に？」（Are you sure?）
❸「それで？」（What do you want?）
❹「どのようにすれば？」（How?）

です。

4つのシンプルな質問にこの順番で答えていくことで、劇的に人生が変わってしまうのです。

これを「魔法の質問メソッド」と呼びます（17ページの図参照）。

ポイントは、❷の「本当に？」の質問の答えが「NO」だった場合は、「なぜ？（Why?）」と自分に問いかけてから❶に戻り、再び質問を始めることです。

◎魔法の質問が生まれた日

大学を卒業後、私はすぐに起業し、少しずつ会社は成長していきましたが、まだ社長の器でなかったのか、途中から事業はなかなかうまくいかなくなり、ある日突然、社長をクビになりました。

それまで仕事づけの日々だったので、急にやることがなくなってしまい、途方《とほう》にくれました。

その時に自分にした質問が、

「何がしたい？」（What?）でした。

その答えを探し始めます。

今まで進んできた道で失敗したということは、きっと違う道があるはず。そこで仕事とは別に何に興味があったかを思い返してみました。

インターネットで培《つちか》ったノウハウを活かして、ネットショップを開業してみようか。それとも起業をした経験から、コンサルティングをやってみようか。いや、ここはもう自分でビジネスをするのはあきらめて実家の寿司屋を継《つ》ごうか。

いろいろアイデアを出してみては、迷っていました。

そこで次の質問です。

「本当にやりたいの？」（Are you sure?）

いくつも出した、これからやりたいことのアイデアは、本当にやりたいかと聞かれると、どうしてもやり遂《と》げたいというわけではありません。今までお金になってきたことだからやろうと思った。もしくは消去法で、これからの道を考えてみた。

そうして考えると、後ろ向きな答えしか出していないことに気がつきました。

「なぜ、やりたいと思わなかったんだろう？」（Why?）

少しは興味がありますが、それほど情熱をかけられる感覚がなかったのです。そう、私はもっと情熱をかけられることに再びチャレンジしたかったのです。

そこで再びこの質問を投げかけます。

「何がしたいんだろう？」（What?）

情熱をかけられること、というキーワードが出てきたので、今まで好きで得意だったことを考え直してみました。

そこで思い出したのが大学の後輩とのやり取りです。

後輩が相談に来ると、私はじっくりと相手の話を聞いたり、時には「それってやりたいことなの？」と質問したりしていました。

すると、相手はやる気に満ちあふれて帰っていったのです。

こんなことを仕事としてできたらいいな、と強く思い始めました。

「本当にやりたいの？」（Are you sure?）

本当にやりたいかと聞かれると、今度は他の人が止めようとしても、どうしてもやってみたいという気持ちがどんどんあふれてきました。その職業をアメリカでは「ビジネスコーチ」と呼ぶということを後で知りましたが、当時はそれをしている人はほとんどいない。そんな環境も、やる気を引き出した要因かもしれません。

誰も取り組んでいない分野のほうが、自分の興味や関心が湧くことにも改めて気づきました。

「それで？」（What do you want?）

それでどうしよう？　何から始めよう？　そんな嬉《うれ》しい悩みが生まれてきました。

まずはリサーチから始めよう。

同じような仕事をすでにしている人がいないか、人づてに紹介してもらい、インターネットでも検索し、とにかく少しでも会ってくれるという方がいればどこにでも飛んでいきました。

「どのようにすれば？」（How?）

運よくすでにビジネスコーチをしている人と会うことができ、どのようにすれば、同じような仕事をできるのかを聞きました。

日本には少ないながらも専門のスクールがあり、そこに入ることが、今できること。

その道しかないと聞き、すぐにビジネスコーチングの学びが始まったのです。

その後、コーチングの中でも特に「質問力」に惹《ひ》かれた私は、1日1問、質問をつくり、毎日インターネットで配信する「魔法の質問」というサービスを始めました。これは質問の研究をする活動でもあります。

今では10年以上続いている魔法の質問は世界中に広まり、「魔法の質問メソッド」として体系化され、広がり続けています。

◎魔法の質問メソッド

今述べた私のエピソードにも、4つの質問が入っていましたが、改めて解説をしましょう。

❶「何を？」（What?）

❷「本当に？」（Are you sure?）

❸「それで？」（What do you want?）
❹「どのようにすれば？」（How?）

本質的な質問はとてもシンプルです。だからこそ誰にでも、どんな場面でも使えるのです。

では、この４つの順番に答えていくと、どのような流れで変化が起こるのかを、説明していきましょう。

第１の質問 ■〔何を？〕What?

「何」を聞く質問から始めます。

課題解決の場合なら「何が問題だと思う？」

目標実現の場合なら「何がしたい？」

目的や、目の前の課題を明確にする質問であり、ここからスタートします。

第2の質問■［本当に？］Are you sure?

「何を」でテーマにしたことを、確認するための質問です。

そのことを本当に解決したいと思っているか？

そのことが本当に実現したいものなのか？

ここがとても重要なパートです。

「本当にしたいのか？」に対して、躊躇《ちゅうちょ》なく「ＹＥＳ」であれば、次の「それで？」に進みます。

問題なのは、「ＹＥＳ以外」の答えだった時です。これは、本当に多くの人がつまずくポイントなので、何度でも問うていく必要があります。

条件付きのＹＥＳや、ＹＥＳでもないけれどＮＯでもないという時は、「なぜ？」(Why?)という質問に移行します。

ここで、「なぜそう思うの？」と聞いてみます。

そして、「なぜなら……」と出たその答えを、もう一度「何を？」に戻って、考えます。

YESという答えがすぐに出てくるまで、繰り返し行います。

第3の質問■［それで？］What do you want?

その先にある真実を考える質問です。

その目的が達成されたら、その先に得られる姿や成果は何だろう？

その問題が解決したら、何がどう変わって、どんなふうによくなるだろう？

これをこのタイミングで聞かれると、「え？　何を答えればいいの……？」と、混乱するのですが、それが目的なのです。その混乱の中で出てきた答えは、解決へのヒントになります。

第4の質問■［どのようにすれば？］How?

どうすればいいか、ここで答えると行動が生まれます。

この時、やると決めた行動に対して、

「いつ？」(When?)

という質問をしてもかまいません。実現のスピードが加速します。

行動をすると成果が出たり、変化が起こるので、次の段階へ移ります。

また「何を？」に戻って、次のサイクルの循環《じゅんかん》に入ります。


これが魔法の質問のメソッドです。

◎テクニックよりも、あり方が大事

4つの質問をするテクニックを伝えましたが、本当に大事なのはテクニックではありません。

「どのようにしたら、うまくいくと思う？」

という質問は、たしかによい質問とされています。

でも、どのような心持ちでこの言葉を口にするかで、大きく変わってしまいます。

質問をする上司が、イライラして相手を攻めるような口調で、

「どのようにしたら、うまくいくと思うんだ?」と質問する。

質問する親が、深刻な面持ちで、ため息をつきながら、

「どのようにしたら、うまくいくと思う?」と質問する。

これでは答える気もなくなってしまいます。

これが、言葉に頼ったテクニックの限界です。

大事なことは、どんな質問をするかではありません。

質問をする時の心得が大事なのです。

よい質問があるのではなく、よい質問をする人がいるだけなのです。

◎魔法の質問3つのルール

魔法の質問では4つの質問の他に、「3つのルール」を大事にしています。

それは、

「答えはすべて正解」

「答えは出なくても正解」

「答えはすべて受けとめる」

です。この心得を持って、質問をします。

それは、自分に対しても、人に対しても同じです。


「答えはすべて正解」とは、どんな答えも否定しないこと。

正解は一つではないと考え、柔軟《じゅうなん》な発想を持つことです。


「答えは出なくても正解」とは、答えを急がないこと。

脳は、質問されると答えが出るまで探し続けます。

必ず、いつか、答えは出るのです。


「答えはすべて受けとめる」とは、否定せずに、「いいね」「そういう考えもあるよね」と受けとめることです。

この心得を持った人の質問ならば、安心して答えることができます。

考えてみてください。

ちゃんと質問に答えているのに、

「真面目に考えなさい」

とか
「それは違うでしょう」

などと言われたら、その後も答える気持ちが続くでしょうか？

反対に、どんな答えをしても、第一声で、

「いいね」

と言ってもらえたら、さらに答えたくなることでしょう。

答えたくなる雰囲気をつくる、空気をつくることは、質問が人生を変える第一歩です。

◎質問力がつくと、何でも手に入る

よい質問ができる力である「質問力」が身につくと、どんないいことがあるでしょうか。

私は、「質問力を身につけたら何でも手に入る」と考えています。

実際に、実現したいと思ったことはほとんど実現するようになりました。

以前の私は、自分が何が欲しいのか、どう手に入れたらいいか、まったくわかっていませんでした。

仕事がうまくいったらいい、もっと豊かになったらいい、幸せな家庭であり続けたい、いろんなところを旅行したいというような、誰もが口にする一般的な「欲しいもの」はわかります。

でも、本当に自分がそれを欲しいのかどうかは、わかりません。

一時的に欲しいと思っているだけかもしれないし、周りの人が同じようなことを言っているから欲しいと思っているのかもしれません。

仮に見つかったとしても、どうすれば手に入るかがわかりませんでした。

でも、質問力が身につくことで、自分が本当に実現したいことがわかるようになり、なおかつ、それを手に入れる方法までわかるようになりました。

もしあなたが、「やりたいことがわからない」「今取り組んでいることが本当にやりたいことなのかわからない」というのであれば、質問を通して、それを手に入れることは、難しくありません。

また、

「欲しいものはわかっている。

目標ははっきりしている。

けれども、なかなか達成できない」

という場合にも、質問は有効です。

質問は、自分の思い通りの人生を実現する、強力なツールなのです。

それでは質問力を身につける一歩を共に踏《ふ》み出しましょう。

図　魔法の質問メソッド

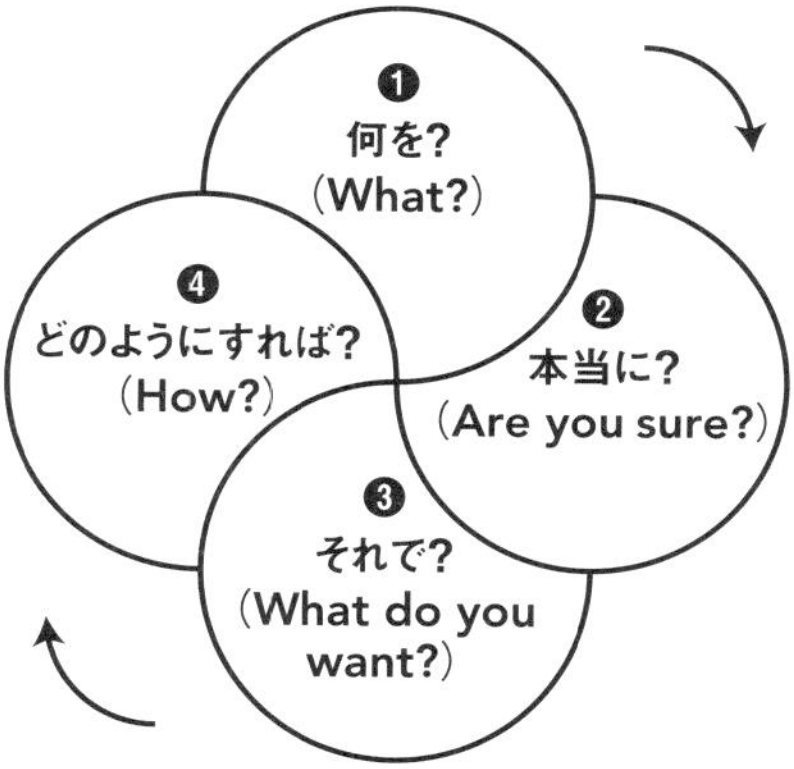

〈「本当に?」の答えがNOだったとき〉

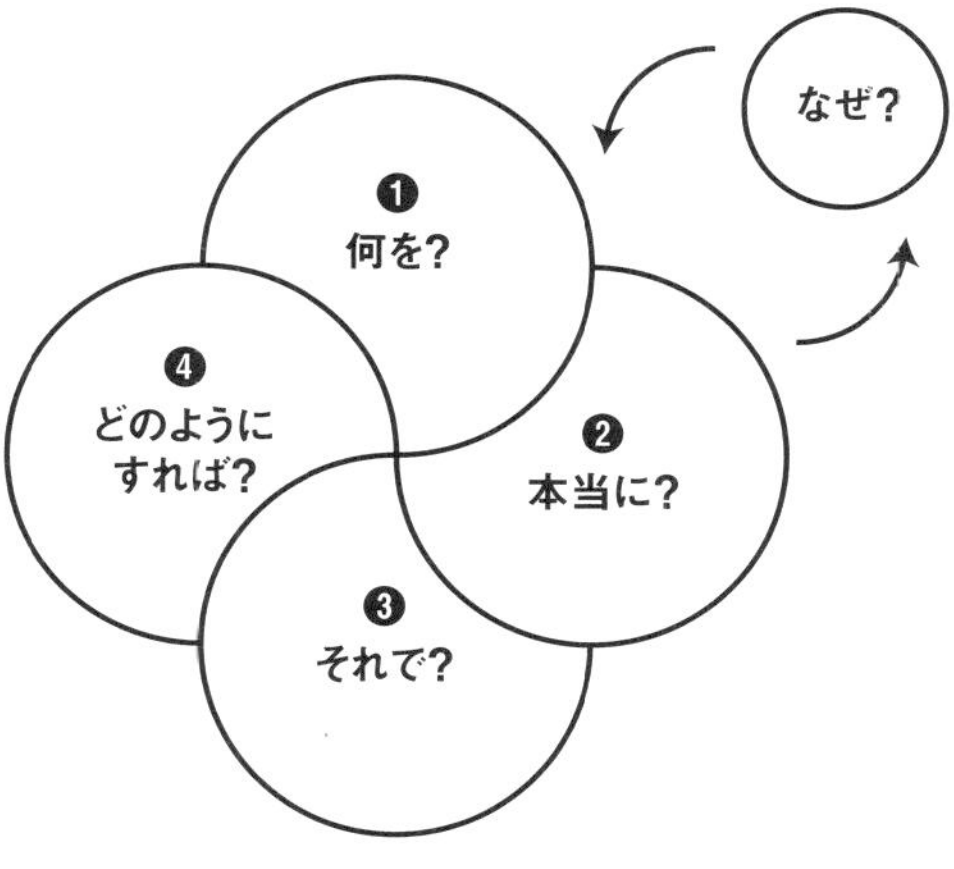

本音と本気を引き出す心得

01……□「自分を満たしてから、人に接しよう」
02……□「自分で自分を満たそう」
03……□「自分のことを知ろう」
04……□「気持ちを伝え合おう」
05……□「まず与えよう」
06……□「エネルギーを満たす行動を選ぼう」
07……□「主観の奥にある事実を見つけよう」
08……□「正解はないということを知ろう」
09……□「枠《わく》を取り払おう」

10……□「心を開こう」
11……□「どう見られても本来の自分でいよう」
12……□「シンプルになろう」
13……□「心を検索しよう」
14……□「やらないことを決めてみよう」
15……□「与えたことを忘れよう」
16……□「無意識を意識化しよう」
17……□「直感で選択しよう」
18……□「他者と比べることを手放そう」
19……□「心が動くことを大事にしよう」
20……□「吸う前に吐こう」
21……□「まずは自分を整えよう」
22……□「することより、どうあるかを先に決めよう」

23……□「事実を認識しよう」

24……□「ニュートラルでいよう」

25……□「持たなくてもいいと知ろう」

26……□「100%信じよう」

27……□「期待を手放そう」

28……□「ひたすら待とう」

29……□「相手の話に耳を傾けよう」

30……□「自分で答えを見つけよう」

31……□「計画を手放そう」

32……□「削《そ》ぎ落とそう」

33……□「恐れず手放そう」

34……□「相手の言葉の奥を知ろう」

35……□「ベストなことを見つけよう」

36 ……… □「技術よりもセンスを磨こう」

37 ……… □「今に集中しよう」

38 ……… □「後悔を手放そう」

39 ……… □「潔《いさぎよ》く手放そう」

40 ……… □「コツコツ取り組もう」

41 ……… □「見えない部分を大事にしよう」

42 ……… □「育てよう」

43 ……… □「小さいことでもほめよう」

44 ……… □「言いにくいことこそ言おう」

45 ……… □「表面よりも本質を観《み》よう」

46 ……… □「知識よりも経験を大事にしよう」

【目 次】

はじめに――
自分は何を求めているのか

◎魔法の質問が生まれた日 …… 2
◎魔法の質問メソッド …… 7
●―第1の質問■［何を？］What? …… 8
●―第2の質問■［本当に？］Are you sure? …… 9
●―第3の質問■［それで？］What do you want? …… 10
●―第4の質問■［どのようにすれば？］How? …… 10
◎テクニックよりも、あり方が大事 …… 11
◎魔法の質問3つのルール …… 12
◎質問力がつくと、何でも手に入る …… 15

第1章 「何をしたかったのだろう?」

——原石・種を見つけける質問

●未来のヒントは過去にしかない……32
心を満たすために何ができますか?……33
自分で満たすために何をしますか?……39
自分に何を聞きますか?……41
気持ちを共有するために何をしますか?……45
何を与えますか?……50
エネルギーを大事にするために何を意識しますか?……54
そこにはどんな事実がありますか?……58
他の正解は何だろう?……63
何に「かもしれない」をつけますか?……67

第2章 「どうしたいの？」
――立ち止まって考える質問

● 現状を「どのように」変えたいのか？……74
オープンでいるために心がけることは何ですか？……75
どう見られたいですか？……80
何が複雑にさせていますか？……84
心にどんな質問を投げかけますか？……86
やらないことは何ですか？……90
何を与え、忘れますか？……95
相手が見えていない部分はどこですか？……99
直感を磨くために何をしますか？……103

第3章 「本当に？」

——本気度を把握するための質問

●覚悟ができないことは、やらない ……… 108
できていることは、何ですか？ ……… 109
損得よりも、心で選ぶために何ができますか？ ……… 113
何を吐きますか？ ……… 118
どんな状態でいたいですか？ ……… 122
どんなあり方を大事にしていますか？ ……… 127
事実は何ですか？ ……… 131
ニュートラルでいるためにできることは何ですか？ ……… 135
何を手放しますか？ ……… 138

第4章 「それで?」
——目標の意味が見出せる質問

●目標のその先をイメージして全体像を見る ………… 144
信じるために何ができますか? ………… 145
どんな期待がありますか? ………… 150
待つために何をしますか? ………… 153
質問せずに何をしますか? ………… 158
どんな答えを見つけましたか? ………… 161
瞬間を大事にするために何ができますか? ………… 164
何を削ぎ落としますか? ………… 168
何を失うと思っていますか? ………… 170
言葉の奥には、どんな意図がありますか? ………… 172
どんなベストなことが起きましたか? ………… 177

第5章 「どうすればいいと思う？」

——実行に移すための質問

●思っているだけでは何も変わらない……182
センスを磨くために何をしますか？……183
今を大事にするためにできることは何ですか？……186
その出来事からの学びは何ですか？……188
それを本当に続けたいですか？……190
何にコツコツ取り組みますか？……193
見えない部分に何がありますか？……197
育てるためにどんな関わり方をしますか？……201
うまくいっているところはどこですか？……204
言えないことは何ですか？……206

その本質は何ですか？……210
経験をするために何から取り組みますか？……215

おわりに——
質問は未来をつくる……218

質問は人生を変える

――「本音」と「本気」を引き出す力

マツダミヒロ

編集協力　はにわきみこ

第1章

「何をしたかったのだろう？」

——原石・種を見つける質問

未来のヒントは過去にしかない

人から「こうしたほうがいい」と言われても、
自分の心が動かなければ、行動することはできません。
自分はいったい何がしたいのだろう？
と問うことがあるかもしれません。
その答えは、自分の過去にヒントがあります。
小さい頃や、ここ数年。
自分が大切にしてきたことを振り返ってみましょう。
夢ややりたいことが見つかります。

心を満たすために何ができますか？

あなたは、どんな時にイライラしていますか？

それは、自分が満たされていない時ではないでしょうか。

心にいっぱいの幸せを感じていたら、怒ることも少なくなるはずです。

満たされることで、心が安定するからです。

反対に、心が安定していないと、相手を攻撃するような言葉を発してしまいます。

「なんでやらないの？」

「なんで言うことが聞けないの？」

「なんでわかってくれないの？」

一見、質問の形に見えますが、これは怒りをぶつけて理由を聞き出す「尋問《じんもん》」なのです。

心が満たされていないと、自分に対しても尋問してしまいます。

「なんで私はダメなんだろう」

と尋問しても、言い訳を探すことになります。

自分を否定する要素を探して、自らを傷つけます。すると、悲しい気持ちになって、エネルギーをロスしてしまいます。つまり、心のグラスの中身が減ってしまうのですね。

まず最初に、私が魔法の質問でお伝えしている「シャンパンタワーの法則」について説明したいと思います。

グラスをピラミッド状に積み上げ、シャンパンを注ぐセレモニー「シャンパンタワー」をご存じでしょうか。

- **一番上のグラスを自分**
- **2段目のグラスを家族**
- **3段目のグラスを仕事のスタッフや友達**
- **4段目のグラスをお客様**
- **5段目のグラスを社会や地域の人々**

と見立てます。

そう思った時に、あなたは、どの段のグラスから、シャンパンという名の、愛とエネルギーを注いでいるでしょうか。

家族のため、スタッフのため、お客様のためにと、愛とエネルギーを注いでいる人は多いことでしょう。

でも、すべてのグラスにシャンパンを注ごうと思ったら？

そう、一番上、つまり、まずは、自分自身に注ぐことが大事なのです。

自分に注いであふれたエネルギーが、次の段へとあふれていくことこそが、美しくエネルギーが行きわたる形なのです。

自分のグラスを満たすことで、周りにもエネルギーを与えることができるのです。

自分が満たされていれば、人に優しくできます。余裕を持って接することができるし、課題の解決にも地に足をつけて取り組めます。

まず、自分の心を満たすことは、すべてにおいて大事なことなのです。

illustration by hicograph

たとえば、誰かに何かを与える時、自分が満たされていないと本当の意味で与えることができません。

仕事で忙しいパートナーに、「たまには料理をしてあげよう」と思う時。「相手に感謝されたい。あなたはすごいとほめられたい」という気持ちで行動すると、無意識に、相手に対して「ありがとう」という感謝の言葉を求めてしまいます。

「(して)あげたい」から始まったはずなのに、「(お礼が)欲しい」になっていることが問題なのです。それ以上に「もらって当然」と要求しているかもしれません。

要求するということは、相手のエネルギーを奪《うば》うことになります。

もし、本当に自分の心が満たされていて、相手を喜ばせたいと行動するならば、「ありがとう」と言われなくても、不満は起こらないはずです。

「料理って面白いな」とその時間を楽しんだり、「いつもこんな大変なことをしてくれて、ありがたいな」と感謝の念が生まれるでしょう。

自分の心のグラスが、

「今は何％ぐらい満たされているかな？」

そう確認し、グラスを満たす行動をすることが大切です。

安らぐこと、癒《い》やされること、ホッとすること、エネルギーがチャージされること、満たすことを意識していきましょう。

満たされることで、心身ともに健康になり、人間関係も良好になります。

本音と本気を引き出す心得

01「自分を満たしてから、人に接しよう」

自分で満たすために何をしますか？

誰かに頼らないと満たされない人と、自分で自分の心をケアできる人。どちらの人が、充実した人生を過ごせると思いますか？

心を満たす方法は2つあります。

「人に満たしてもらう方法」と「自分で満たす方法」です。

多くの人は、誰かに満たしてもらおうと思ってしまいます。

・「パートナーに素敵だねと言われたら満たされる」
・「子どもが成績優秀だったら嬉しい」
・「仕事で給料をアップしてもらったら嬉しい」
・「親から、頑張っているね、立派になったね、とほめられたら嬉しい」

これらは外的要因で満たされているケースです。

もちろん、満たされないよりは、最初はこれでもいいのです。

しかし、このままでは、常に「誰かに何かをしてもらえないと、自分の心は満たされない」という状況に陥《おちい》ります。外的要因の満たし方は、依存になりやすいのです。

一方、自分の行動によって、自分の心のグラスを満たす方法を持っていれば、依存体質にならずにすみます。

たとえば、緑を見ると落ち着くから、10分間だけでも公園を散歩する。

コーヒーが大好きだから、朝の5分だけでも、おいしいコーヒーを味わう時間をつくる。

夜はバスタブにお湯をためて、リラックスしながら、お風呂の中でゆっくり本を読む。

そんなふうに、自分の行動によって自分の心を満たすことを行ってみましょう。

本音と本気を引き出す心得

02「自分で自分を満たそう」

自分に何を聞きますか?

あなたは、答えは外にあると思っていませんか?

その外にある答えを知れば、すべてが解決できると思っているのではないでしょうか。

たとえば、誰かと問題が起きた時。

「なんで、こんな問題が起きたのだろう?」

と考えますが、それと同時に、

「なんで、あの人は先に言ってくれなかったのだろう」

「もっとこっちの気持ちを汲《く》んでくれれば、こんなことにはならなかったのに」

というように、相手の行動が問題なのであって、自分に落ち度はないと思ってしまいがちです。これは、相手の中に問題と解決法がある、と外に対して意識が向いている状態なのです。でも、本当は「自分のことを知り、自分で改善策を立て行動を改める」ことをしないと、相手が誰であっても、同じ問題が起きてしまうのです。

今度はちょっと違う視点から考えてみましょう。

大勢の人が集まる会合で、初対面の人と話をするシーンを想像してみてください。

「どんな仕事をしているのですか？」

「今日はなぜここに来たのですか？」

相手のことを聞くのはいいけれど、質問してばかりでは自分のことを話すタイミングがありません。相手が自分のことを知ることができなければ、興味を持ってもらえない。その結果、いい出会いに結びつかず、何の成果も得られない。あなたにも、そんな経験はないでしょうか？

実はこの時に大事なのは「自分は何が必要で、何が不必要で、どんな人と関わりを持ちたいのか」をあらかじめ知っておくことなのです。

答えは内側、自分の中にしかありません。

海外では、パーティで出会った人に、いきなり名刺を渡すことはしません。

ちょっと会話をして、今後も会いたいな、と思った人にだけ、連絡先を渡すのです。

出会いの時に、自分にとって必要な人か、関わりたい相手かどうかを、フィルタリングしています。

大勢の中から、短時間で自分が求めている人を見つけたいなら、この順番で次の5つの質問をしていくだけで十分です。相手の答えを聞いたら「私はこうなんですよ」と会話のキャッチボールをして、自然に情報交換をしましょう。

「ここに来たきっかけは何ですか？」
「ふだんはどんなことをしているのですか？」
「どんな人がお客様なのですか？」
「今、どんなことに取り組んでいますか？」
「今、関心があること、知りたいことは何ですか？」

これだけの会話で、自分の求めている人かどうかがわかります。もし、違うなと感じたら、今日はお話しできて嬉しかったです、と挨拶《あいさつ》をして、スッとフェードアウトすればいいのです。

私は今、どんな人と出会いたいのだろう？

そこが明確でないと、よい出会いは起こりません。

名刺交換をたくさんしたり、相手の話を聞いて情報を集めたりしただけでは、何も起こりません。関わり方に活かすことができないのです。

私は何が好きで、何を大切にしていて、今何に情熱を傾けたいのだろうか?

自分のことを知るということは、自分と対話していることです。

自分との対話ができていないと、どんな人に出会ったらよいかわかりません。

今関わりがある人とも、どんな関係を育てていったらいいかがわかりません。

自分のことを知るためには、自分にたくさん質問すること。

意識的に自分との対話の時間をつくること。

答えは、自分の中にあるのです。

本音と本気を引き出す心得

03「自分のことを知ろう」

気持ちを共有するために何をしますか?

家族に「今日は、どんなことがあったの?」と聞いた時、

「別に。会社行って、帰りにごはんを食べて帰ってきただけだよ」

とか
「学校? いつもと同じ」

といった答えが返ってくることはないでしょうか。

特に男性は、行動や出来事だけを回答することが多いのです。

これは、単なる報告であり、出来事を共有するという状態です。

実は「どんなことがあったの?」と、出来事を聞くよりも、もっとよい質問があります。

それは、気持ちを共有する、こんな質問です。

「どんなことを感じたの?」

「どんな気持ちだったの？」

出来事からは、その人のことがあまり見えません。

でも、気持ちを聞くと、その人のことがよくわかり、距離が近くなります。

聞かれるほうも、その時の気持ちを話せてスッキリしたり、共感してもらったことで満足を感じることでしょう。

気持ちについては、さらに掘り下げて質問できるし、会話がさらに深まります。

たとえば、家族や友達に質問するなら、気持ちの共有にフォーカスすることが大事です。

「どんなことにチャレンジしたの？」

と出来事の大筋を聞いたら、次に、

「なぜ、それをやろうと思ったの？」

「チャレンジした時はどんな気持ちだった？」

と気持ちを聞いてあげましょう。それによって、その人の行動の元になるもの、モチベーションを知ることができます。

この人は何に喜び、何に不安を感じ、どんなことに満足を感じるのか。その人らしさ、人間像が見えてきます。

実は、仕事の場面でも「気持ちを聞いて共有する」ことはとても有効です。実際に気持ちを聞いたことで、私のスタッフの働き方は激変しました。

それまでは、その日のタイムスケジュールや役割分担を共有するミーティングをしていたのです。

でも、この状態だとトラブルや想定外のことが起こった時に対応ができないのです。

そこで、開始前のミーティングでは、

「今はどんな気持ち?」

と聞くように変えました。

すると、

「緊張しています」

「焦《あせ》っています」

「ゆとりがあります」

というように、お互いの状態が見えてきます。

自分のことだけでなく、相手のことがよく見えるようになるのです。

すると、チーム全体の動きがよくなって、お互いをカバーしたり、問題を早急に解決できるようになりました。

人間関係がうまくいっていない時は、

「相手が何を考えているか、わからない！」

という状態です。

わからない＝気持ちを知りたい、という意味がそこに隠れています。

職場の上司と部下、チームの仲間、あるいは家族。

「これをして」「あれやっておいてくれた？」「報告して」というのは、出来事の共有だけ。

実際にその行動を通して、どんな気持ちになりたいのか？　それを共有できないと、心の距離ができてしまいます。

逆に言えば、お互いの気持ちを口にして共有できれば、うまくいくのです。相手のことがわかり、力を合わせようという状態が生まれます。

人は、気持ちを聞いてもらい、共感されると、自分自身を認めてもらった感じがします。

まず、試してほしいのが、一日の終わりに気持ちを共有することです。

「今日はどんな気持ちだった？」

一緒にいる時間が長くても、改めて聞いてみることで、

「そんなふうに感じていたんだ」

「知らない一面が見えた」

と気づくことが多いものです。

シンプルな言葉ですが、相手のことがよくわかる質問です。この会話を通してお互いの関係もよくなっていきます。

本音と本気を引き出す心得

04「気持ちを伝え合おう」

何を与えますか？

与えれば与えるほど、人は豊かになります。なぜならば与えることで、それ以上のものが知らずしらずのうちにめぐってくるからです。

しかし、与える前に「欲しい」という欲求が出てくるかもしれません。多くの人にとってこれは自然なことですが、欲しいという気持ちばかりが先に出てしまうと、入ってくるはずのものも去っていくのです。

私自身も、「欲しい」が先にある時期がありました。いろんなことを教えてほしい。会ってほしい。商品を買ってほしい。欲しい欲しいと思っている時は、不思議なことにそんな自分と同じような人にしか出会いません。

出会う人がみな同じように自分に求めるので、こちらは守るのに必死です。営業に来たら断り、悩んでいるのでいろいろ教えてほしいという人は避けて会わないようにしていました。

でも、ある時に、周りの人は自分を反映しているということに気がつきました。そうだとしたら、逆に与えることをしてみようと思ったのです。

そこで出てきた質問は、

「目の前の人を喜ばせるために何ができるだろう?」

というものでした。

その人との会話で出てきた「欲しい」というものを買って贈ってみる。

こんな人と出会いたいと言っていた人には、紹介してみる。

イベントを企画しているんだけど、なかなか人が集まらないという人には、告知を協力してあげる。

時には、その人に気づかれないように喜ばせることもあります。

誕生日にその人の友人たちに声をかけて、お祝いのメッセージをまとめて贈ってみる。

これらのことをやってみて気づいたのですが、もらう時よりもギフトをあげる時のほうが、幸せを感じる時間が長いのです。

もらった時は、その瞬間は確かに嬉しいのですが、サプライズのギフトを贈る時は、それを考えた時から、ずっとワクワクする気持ちが続くからです。

また、こんな二人がいた時に、あなたはどちらの人に関わりたいと思うでしょうか？

一人は、いつも求めてばかりで、欲しい欲しいと時間もエネルギーも奪っていく人。

もう一人は、いつも目の前の人を喜ばせようと思い、与えることに喜びを感じている人。

このことを考えてもわかるように、与える人のところには人も集まるし、もらったこと以上にお返しをしたいという人も多く、たくさんのものが集まってきます。

そばにいたい、一緒に何かをしたい、私もこの人の力になりたいと思い、関係性が深まるのです。

本音と本気を引き出す心得

05「まず与えよう」

奪う人には近づきたくなく、与えてくれる人には魅力を感じるのが人間です。
与える人が発する質問は、自然と相手のためになる質問になります。
だから答えたくなるのです。

エネルギーを大事にするために何を意識しますか？

エネルギーは動くための源であり、心の栄養にもなれば体に働きかけるものにもなります。

エネルギーは好きなことをするとチャージされるのですが、自分が本来したくないことをするとなくなってしまいます。

なんだか疲れてやる気が出ない、そんな時はエネルギーが切れている時。何にでも取り組みたくて仕方がない、それはエネルギーが満たされている状態です。

このエネルギーとはカロリーのことではありません。仮に体を動かしても、もしそれが大好きなことであれば元気が出てくるのです。

私は海で泳ぐのが大好きなので、1時間以上泳ぐこともあります。

でも疲れるどころか元気になり、さらに他のこともやりたくなります。

あなたも大好きなことをするとエネルギーがあふれる、こんな経験はないでしょうか？

逆にエネルギーがなくなる時は、自分と合わないことをしている時が多いです。

私は事務作業が苦手なのですが、慣れないその作業をずっとしていると、とても疲れてしまいます。人混《ご》みも苦手なので、人がたくさんいる場所に行くだけでもとても疲れてしまいます。

あなたはどんなことが苦手でしょうか？

好きで得意なことをするとエネルギーが高まり、苦手でしたくないことをするとエネルギーがなくなっていきます。シャンパンタワーの一番上のグラスにエネルギーを注ぐと、エネルギーはあふれていきます。

エネルギーがあふれ出る状態になると、自分がすることすべてにエネルギーが注入されます。

伝える言葉、つくるもの、行動の一つひとつに。

自分を満たすこと、エネルギーを大切に使うことをお伝えしている理由は、ここにあります。周りの人と、実りある会話ができないのは、自分自身が疲れていてエネルギーがないから。満たされていなくて、イライラしているから。

もし、こちらにエネルギーがあって、相手のやる気に火をつけることができたら、素晴らしい変化が起こります。やる気に火をつける質問とは、エネルギーがある質問のこと。

相手からも、エネルギーがこもった答えが返ってきます。

たとえば、

「何の制約もなかったら、何をしてみたい?」

自分が喜ぶことをしていれば、エネルギーは満ちあふれます。

だから、本人が満ちあふれていられることに思いを馳《は》せ、やりたいことにフォーカスする質問ができればいいのです。

どんな答えを引き出すかは、あなたの質問にどれだけエネルギーがこめられているかで変わるのです。

一問入魂。心をこめて相手のためになる質問をするために。ふだんから、エネルギーを大切にしていきましょう。

本音と本気を引き出す心得

06「エネルギーを満たす行動を選ぼう」

そこには
どんな事実がありますか？

私たちは主観で生きています。

その主観は今までの経験に基《もと》づいて出来上がっています。過去の体験や知識によって、正しいことと正しくないことの判断をします。

同じ出来事でも、国が違えば正しいことにもなるし正しくないことにもなります。

時代が違えば、昔正しくなかったことも、今は正しいことになります。

昨日まで正しかったことが、今日は正しくないという出来事も起こります。

主観の奥には、事実や出来事があるだけで、その事柄自体には何の意味もありません。

その事実に対して、自分が過去の経験から意味づけしているだけなのです。

人と意見が合わない、価値観が違いすぎる、と感じることはお互いの「意味づけ」が同じではないという状態です。

でも、お互いの主観が異なっていてもかまわないのです。

いろいろな考え方がある。

いろいろな人がいる。

フラットな状態で人と接することで、良好なコミュニケーションを築くことができます。

そのために必要なのは「主観をできるだけ取り除き、事実を見つけること」なのです。

なぜならば、主観がある限り偏《かたよ》った言葉を使ってしまうからです。

たとえば、登校拒否をしている子どもと話をする場合。

親が「学校には行くべきだ」という主観を持っていたとすると、こんな質問をしてしまいます。

「なんで学校に行かないんだ？」

これは、理由を問いただすための尋問ですね。

こう聞かれると、行かない理由行きたくない理由である「言い訳」を答えてしまうのです。

あるいは、うまく言えない言いたくない、と黙ってしまうかもしれません。

行きたくない理由は、今現在、本人の力だけでは変えられないことかもしれません。

学校に行くべきという主観のまま対応すると、こんな言葉が出てしまいます。

「ちゃんとしなさい」とか「甘えるんじゃない」とか「わがままだ」とか「みんな我慢しているのだから」とか「学校でしか学べないものがあるのだから」など。親としてその子を「矯正《きょうせい》」しなければ、という流れになってしまいます。

これは、相手を誘導していることになります。

子どもに選択の自由がなく、親の思う通りにコントロールしたいという状態です。

しかし、人はコントロールされると反発します。

コントロールは逆効果なのです。

相手が本当の答えを見つけることをサポートしたいと思うなら、あなたの主観は一度手放しましょう。

事実だけを見て、質問をすることが大切です。

先の例で言えば、事実は、「その子は、今日は学校には行っていない」という状態。

そのこと自体に、いい悪いはないのです。

その子には、行きたくない理由があるはずです。

でも、学校に行くべきだというゴールに向けて誘導するような質問をしたら、答えたくなくなります。

「何を言っても無駄だ。結局、この人は自分が何を答えようが学校に行かせたいのだから」

「話を聞いてくれる気はないんだ。思い通りに動かしたいだけなんだ」

と感じます。

だからこそ、主観を外して質問することが大事です。

たとえば、

「どんな気持ち?」

という質問で、相手の今の状況や今の心情を話させてあげる。学校に行きたくない状態などの理由を口にしてもらいます。

「学校に行くかわりに、今何をしたい?」

という質問で、もっとワクワク取り組めることにフォーカスするなど。

学校に行っていない、という事実だけを取り出します。

そして、正しいかどうかはさておき、目の前の相手の状況や、どうなったらいいかを聞きましょう。

自分の主観を捨て、事実だけを見て質問をすると、実りある答えが返ってきます。

本音と本気を引き出す心得

07「主観の奥にある事実を見つけよう」

他の正解は何だろう？

私たちはすべてに、たった一つの正解があると思いがちです。

これまでの人生の中やテストや試験で決まった答えを出すという経験を通して、そう思い込んでいる傾向があるのです。

ところが、人生はテストではありません。決まった答えもありません。

世の中においては、正解は一つではなくすべての答えが正解なのです。

どの選択をするにしてもどの答えを出すにしても、世の中において「これしかない」という絶対的な一つの正解はありません。

自分の選択や自分の答え、それこそが自分の正解になるのです。

そして、自分が決めたことだからこそ行動に移すことができます。

私が相談を受けるケースに、上司と部下のコミュニケーションを改善したいというものがあります。

「スタッフが自発的に動いてくれない」「やる気が感じられない」。

そんな時、振り返ってほしいのは、「一つの正解を答えさせる、クイズをしてしまってはいないだろうか？」ということです。

自分の設定した答えだけが正解で、それ以外の答えは不正解である。

このようなクイズスタイルで試されると、なかなかやる気は出ないものです。

上司「どうやったらいいと思う？」
部下「私は、〇〇だと思います」
上司「それは違うでしょう？　もっとちゃんと考えて！」

正解を言うまで「その答えは違うよ」という状態で関わっていると、どうなるでしょう。

相手は、毎回、否定されていると感じます。正解にたどり着かなければ、「自分はダメなんだ。期待に応えられない」と希望を失ってしまうのです。何を言っても「違うよ」と言われていたら、「わかりません」という答えしか出てこなくなるか、無言のままやがて答えることをやめてしまいます。

一方、反発されるケースもあります。

「意見を聞かれるのかと思ったら、結局は上司が決めたことをやらせたいだけなんだ。違う違うと否定されて、やる気がなくなる。今までの時間が無駄だったよ。だったら、最初から言ってくれればいいのに」というように。

大切なのは、「すべてが正解」というスタンスで関わることなのです。

魔法の質問の3つのルールを思い出してみましょう。

「答えはすべて正解」――正解は一つではありません。

「答えは出なくても正解」――考えることに意味があるからです。

「答えはすべて受けとめる」――そう考えているんだね、と相手を認めます。

特に、答えを受けとめることに関して、第一声を「いいね」にすると、驚くほど関係性がよくなります。答える側に「こんなことを答えてもいいのかな?」という不安がなくなって、どんどん自己開示してくれます。自由な発想でアイデアが湧いてくるのです。

たとえば仕事の場面で、上司が部下との会話において。

「君がこの商品のプロモーションを考えてくれる？」

「では、ＳＮＳの広告はどうでしょう？」

「それは違うだろ」と瞬時に答えを否定したら、部下はどんな気持ちになると思いますか？

逆に、「なるほどね、それもいいね」と答え、受けとめたらどうでしょう？

相手は、自分を認めてもらえた！　と嬉しくなります。その意見が採用されるかどうかは別の問題なのです。

「どうしてそれがいいと思ったの？」

「どんな効果が期待できる？」

と、その人なりの肯定的な意見を聞いてみてから判断しても遅くありません。

たった一つの正解はなく、すべては正解という意識を持ってみましょう。

本音と本気を引き出す心得

08「正解はないということを知ろう」

何に「かもしれない」をつけますか？

あなたには、どんな「枠《わく》」がありますか？

枠とは、

「こうするべきだ」

「このままではできない」

「こうするものであるはずだ」

と決めつけることです。

これは思い込みであって、事実ではないことも少なくありません。

枠をつくっていると、アイデアも限定されますし、相手に対して選択肢の提示ができにくい、という状況に陥ります。

反対に制限を設けないと可能性が広がっていきます。

たとえば、子どもが学校に行かないという状況があったとしましょう。

この時に、

「子どもは学校には行かなければいけない」

という枠があると、

「学校に行かなくてもいい」

という選択肢がなくなり、学校に行かせるためのアプローチしかできなくなります。

「学校に行くために何ができる？」

「明日は学校に行けそう？」

というように。でも、相手のためになる関わり方は、

「どうしたいの？」

というように「その子がどうしたいのか？」を聞いてみることなのです。

枠があると、ある制限の中でしか考えなくなります。

それはとても、もったいないことなのです。

ふだんから制限を外す練習をしてみると、人生の幅が広がります。

では、どんなことをするといいのでしょうか？

言葉の言い換えをしてみることが、効果的です。

「べきだ」「〜しなければいけない」「〜してはいけない」という言葉を、「かもしれない」と、言い換えてみるのです。

たとえばこんな感じです。常識、と言われるものを違う角度で見直してみるのです。

「子どもは学校に行くべきだ」

↓「学校に行かなくてもいいかもしれない」

「大人は働くべきだ」

↓「働かなくてもいいかもしれない」

「贅沢《ぜいたく》をしてはいけない」

↓「贅沢をしてもいいかもしれない」

「女性は家事をするべきだ」

↓「家事をしなくてもいいかもしれない」

「夫婦は小さな子どもを置いてデートをしてはいけない」
↓「子どもをあずけて、大人だけの時間を過ごしてもいいかもしれない」
「職場に子どもを連れてきてはいけない」
↓「連れてきてもいいかもしれない」
「大学を卒業したらすぐに就職しなければいけない」
↓「卒業後すぐに就職しなくてもいいかもしれない」
「英語を話せないと海外で仕事はできない」
↓「英語が話せなくても海外で仕事ができるかもしれない」
「目標をつくるべきだ」
↓「目標はなくてもいいかもしれない」
「お金はたくさんあったほうがいい」
↓「お金はたくさんなくてもいいかもしれない」
「長期休暇をとることはできない」
↓「長期休暇はとれるかもしれない」

「長期旅行をしたければ、会社をやめなければいけない」

↓「会社をやめなくても旅行できるかもしれない」

これまで「当然」「あたりまえ」だと思っていたことに「かもしれない」という言葉をつけることで、違う選択肢が浮かんできます。

違う角度から見てみることや思考の柔軟性が大事なのです。

自分自身の枠を外すことができると、人がどんな枠にとらわれているかが見えやすくなります。枠を外すための質問をしてあげられます。

「かもしれない思考」で、枠を外していきましょう。

本音と本気を引き出す心得

09「枠を取り払おう」

第2章

「どうしたいの？」

——立ち止まって考える質問

現状を「どのように」変えたいのか？

自分は、何を感じているのか。
自分は、何を考えているのか。
一度、自分に聞いてみることは、とても重要です。
でも、答えられない人が多いのです。
考えなくても、行動はできます。
ルーティンだから。人が皆やっていることだから。
流されるままに行動していませんか？
立ち止まって、自分の感情を確認してみましょう。

オープンでいるために心がけることは何ですか？

すべてのことがオープンになってしまう時代です。

何も隠すことができないのです。

そうだとしたら、隠さずに素のままを伝える勇気を持ってみましょう。

あなたも人に言えないことが、いくつかあると思います。

たとえば、

「大恥を書いた失敗経験」

「就職の面接で10社受けて全部落ちた」

「親との関係がうまくいっていない」

「収入や、貯金または借金について誰にも話していない」

「実は最近、失業した」

「異性とつき合い始めたけれど、離婚歴があることを話せずにいる」

言いたくない！　とても言えない！　と思うこともあるでしょう。

ですが、隠し事をするということは、本来の自分の姿を見せないということ。

素の自分での関わりを、遮断《しゃだん》していることになるのです。

相手が、本当の自分の姿で関わってくれなかったら、こちらが心で思っていることを伝えたいと思うでしょうか？

こちらが不安に思うほど相手はそれを気にしない、ということはよくあることです。

むしろ、関係性が深いほど「早く言ってほしかった」と思うことでしょう。

実際、オープンであることは相手に安心感を与えます。

たとえば職場で部下が有能だと、上司は自分にとって都合の悪いことは隠そうとするかもしれません。

「できない」とは言いたくないし、言いにくいものです。

実はパソコンが苦手で、タッチタイピングが遅い。

資料のちょっとした変更ができない。

でも今さら聞くこともできないし、格好が悪い。

これを隠すよりも、「実はパソコンだけは苦手で。教えてもらえないかな？」と素のままを言えば、部下と心の距離が近くなります。

完璧な人間などいないのです。

部下にとっては、自分が力になれることがあると嬉しいのではないでしょうか。

また、地図が読めずにいつも道に迷い遅刻が怖いという人が、思い切って「方向音痴なんです」と告白したら、「駅までお迎えに行きます」とか「わかりやすい場所で待ち合わせしましょう」など、不安なく行動できるようになったということもありました。

苦手なことや弱みを見せることで、協力してもらえたり親近感を持たれることは多いものです。

自分の失敗や悩みを打ち明けたら、相手も同じように打ち明けてくれたという経験もあるかもしれません。

こちらが心を開けば開くほど、相手も心を開くのです。

「実は私、営業に配属になって3か月、一つも注文がとれなかったんだ」

トップセールスの輝かしい実績を持つ上司がかつてのダメだった時代を語ったら、部下も希望を持って進んでいけそうです。

私の場合は社長をクビになったという失敗の経験が、結果としてたくさんの人に応援されることになりました。

私は、大学を出てすぐに起業して、一時は複数の会社を経営していました。

でも、事業内容が世の中よりも先を行きすぎていました。そして当時の私は、社員とのコミュニケーションも今と比べれば全然とれていなかったのです。

そしてある年の株主総会で、社長の座から追われてしまいました。

こんな話は本当だったらしたくはありません。

ですが、社長をクビになってからどのようにして立て直していったのか。どんな道をたどって今があるのか、そのエピソードや道のりを知りたい人や参考にしたい人はたくさんいたのです。

この話を本に書いたり、講演会で話したりしていくと、「勇気づけられました」とか「私もチャレンジする気になりました」と言われるようになりました。

失敗談を隠して成功した時期だけを語っていたら、今のような自分ではなかったと思います。

応援してくれる人や、ファンになってくれる人が増えて「自然体が魅力」と言われるようになりました。

隠し事をしても、いつかは必ずばれるものです。

隠すことなく、ありのままの姿で関わっていきましょう。

本音と本気を引き出す心得

10「心を開こう」

どう見られたいですか？

あなたは、人からどんなふうに評価されたいですか？

多くの人は、もっと賢く見られたい、もっと格好よく見られたい、と思うことでしょう。

「もっと」とはどのくらいでしょう？　それは、誰と比べた時にでしょうか？

これは「外」に対する想いであり、自分という「内」に関心が向いていない状態です。

人から格好悪いと思われてもいい、頭が悪いと思われてもいいのです。

頭が悪いと思われてもいいというのは、馬鹿になろうという意味ではありません。

「相手にどう見られても、私には関係ない」という意識でいることです。

実は、私自身、出身大学にコンプレックスを持っていました。

当時の私にとって、いい大学や頭がいい大学とは誰もが知っている有名な大学のことでした。その大学のいずれかに入ったほうがいいという「枠」にとらわれ、それが実現できなかった自分を認めていなかったのです。

頭がいいわけではないのだから、

「もっと売り上げを上げて、人から認めてもらおう」

「会社を大きくして、すごいと言ってもらおう」

と、心のどこかで思っていたのです。

昔は必ず人の卒業大学に目がいっていました。この人はいい大学、この人はそうじゃないというように、踏み絵のように人を判別する手段にしていたのです。

しかし、ある時気がつきました。出身大学がどこかということは、ビジネスや経営、そしてその後の人生にはまったく関係がないことに。さらには幸せや豊かさにも、出身大学は関係ないということに遅まきながら気づいたのです。

学歴とビジネスの成功はイコールではありません。

人からどう思われようと、自分がやりたいことや好きなことをやることが大切です。そのエネルギーこそが、成功の原動力になるのです。

人に質問をする時も、「頭がいいと思われたい」と思う人は少なくありません。

「格好いい質問」や「頭がよさそうに見える質問」をしたくなるのです。

質問家として活動していると、こんな場面がよくあります。

頭のよさそうな人に、「いい質問を教えて」と頼まれ、シンプルな質問を伝授します。

すると、

「いや、そういう簡単な質問じゃなくて。もっとＩＱが高そうな質問が知りたいんだよ」

と言われるのです。

ところが、本当にいい質問とはとてもシンプルなものです。

誰にでもわかるし意味が伝わる。そして答えやすいのがいい質問なのです。

たとえば、職場で仕事を依頼する時。

この仕事の目的は何で、どんなふうに進めてほしいのかを、直接指示をせずに相手のやる気を引き出すための質問として投げかけてみましょう。

「この仕事の本当の目的は何だと思う？」

このくらいシンプルな質問でいいのです。

仕事を依頼する時にゴールの確認をして、お互いの意識をすり合わせておけばいいのです。

この時に、考えすぎた質問をしようとすると、

「もし君が世間で一番仕事ができる人だとした時、我が社にとって社運をかけたプロジェクトを任《まか》されたとしよう。君だったら、どんなふうに仕事に取り組みたい？」

やたらと長い文章になり、方向がずれていってしまいます。

質問された側は、「なんで、今そんなことを答えなければならないの？」という状態になります。相手の心情にマッチしない表現、シチュエーションを限定することで、今とは関係ないという意識になり、本来の目的にたどり着くことができません。

いい質問をつくろうという想いが強いと、本当にいい質問がつくれなくなってしまいます。自分自身や自分がつくった質問は、人にどう見られてもいいのです。

本音と本気を引き出す心得

11「どう見られても本来の自分でいよう」

何が複雑にさせていますか？

知識が増えていくと、シンプルなものを難しく捉《とら》えようとしてしまいます。

不安や悩みが多ければ多いほど、物事を複雑化します。

複雑に難しく話したほうが、ありがたいと思う人も出てくるかもしれません。

でも本当に大事でなおかつ難しいのは、「複雑なことをシンプルに捉える」ことです。

複雑な質問は、一つの質問の中に複数の質問が入っています。

これは、私が魔法の質問の活動を始めた初期の頃につくった質問です。

「自分の夢を妨《さまた》げる障害は何ですか？

それをどうやって乗り越えますか？」

相手の答えを待たずに次々に質問していました。しかし、相手はすんなり答えることができません。思考することがいくつもあって混乱するため、結局どれにも答えられなくなるのです。

短くシンプルな質問を積み重ねて、思考を整理してあげることが必要です。

「あなたの夢は何ですか？」で、まず、答えを聞く。

「その夢を妨げる障害は何ですか？」で、課題にフォーカスする。

「それをどうやって乗り越えますか？」と、実際の行動について考える。

人の思考癖《へき》には「同時にいくつもの悩みを考える」があり、「同時に考えるからどれも解決しない」状態になります。だから、シンプルな質問で一つずつフォーカスして解決に持っていくことが必要なのです。

一見複雑なことも、小さく分解してシンプルに考えれば、解決の糸口が見つかります。

本音と本気を引き出す心得

12「シンプルになろう」

心にどんな質問を投げかけますか？

現代では、わからないことがあったら、手元ですぐに調べることができます。

しかし検索に頼りすぎると、自分で考えるということをしなくなります。思考が止まるのです。

インターネットで検索すれば、いろいろな情報が手に入りますが、

「相手にどんな質問をすればいいか」

は検索しても出てきません。

そこは自分で考える必要があるのです。

検索するという行為は、インターネット上に質問を投げかけるということになります。

漠然《ばくぜん》とした質問を投げかけると、漠然とした答えしか返ってきません。

インターネットの情報も自分の心も共通で、いい答えを得るにはいかにいい質問を投げ

かけるかが鍵になってきます。

いまは百科事典のページをめくったり図書館に行ったりしなくても、情報を調べることができる便利な世の中です。そんな中「自分で答えを見つける」という習慣をつけることを大切にしていきたいものです。

調べるといえば、会話の途中で情報を検索することはないでしょうか？

友人が「先月コトル湾に行ったんですよ、とても綺麗でしたよ」と話してくれた時に、思わずコトル湾ってどこだろうと、話の途中で検索してしまうのです。

そして検索結果の写真を見て、「これは綺麗なところですね」と答えてしまいます。

でもここで大事なことは、インターネットで検索するのではなく、相手の心の検索をすることです。

「コトル湾ってどんなところなんですか？」と。

そう質問したら、

「船でしか行けない小さな湾で、海っぽくない海なんですよ。波が立たなくて穏《おだ》やかで、静かで綺麗で。大勢の観光客がやってくるような場所ではないんです。まるで、誰も知らない秘密の海みたいなんです」

と答えてくれました。


相手はインターネットの情報を検索してほしいのではありません。自分の心にアクセスしてほしいのです。これを「心を検索する」といいます。

その時の気持ちも話したくて、分かち合いたいのです。

情報を検索するだけならキーワードを入れれば十分ですが、心を検索するなら相手の想いを引き出す、いい質問ができる力が必要です。

答えを知ることが重要なのではなく、その答えについて想像し、自分で考え、感じることが大事なのです。

クイズやテストではないので、質問に対する答えは一つではありません。どんな答えであっても正解です。

そして、いい質問は相手の心から素敵な答えを引き出します。

ワクワクして表情が輝き会話がはずみます。

相手の心を検索する話をしましたが、その前にぜひ自分の心も検索してみてください。
自分の心を検索するというのは、自分で感じるということです。
言い換えれば、「自分と対話する」ことなのです。
ぜひ、自分に質問をして自分の答えを受けとる習慣をつくってみてください。

本音と本気を引き出す心得

13「心を検索しよう」

やらないことは何ですか？

やることを考えるというのは「あれもやろう、これもやろう」と、するべきことを積み上げていく状態です。

これが進んでいくと「することが多すぎて大変」というストレスを感じます。

やらないことを決めるというのは、この行動はしない、この分野のことは自分でやらないと決めることをいいます。

やらないことを決めるのは、なぜ大事なのでしょうか？

得意なことを1時間やっても何も思わないけれど、苦手なことを1時間やったらとても疲れてしまったという経験はないでしょうか。

自分がやるべきでないことをやっていると、どんどんエネルギーを消耗してしまうのです。また、やらないことを決めないと軸がぶれてしまいます。忙しくなりすぎて、自分の大切にしていることを忘れてしまうからです。

目の前のことが忙しすぎて、あれもこれもしなければと苦手なこともやっていると、エネルギーが枯渇《こかつ》して判断力がなくなります。こなすことで精いっぱいになり、最も大切な「自分と対話をする」時間がとれなくなるのです。

自分と対話ができないと、大事なものが何かがわからなくなり、軸がぶれるのです。

それに気づいてからは、定期的に、今抱えていることで手放すべきものを考える時間をとっています。やらないことリストも、常に新しくします。

私がやらないと決めて実践してきたことには、

「出勤をやめる（どこでもできる仕事をつくる）」
「事務所を持つことをやめる（家賃と出勤を手放す）」
「電話に出ることをやめる（電話以外の手段を用意しておく）」
「目標を設定することをやめる（目標以上に今に集中する）」
「苦手な事務や経理作業はやめる（人に頼む）」

といったことがあります。

また私の場合、

「新しいアイデアをすぐにスタートさせることをやめる」

を意識しています。

今までの失敗体験なのですが、いつも新しいアイデアのプロジェクトをスタートさせると、世の中の感覚よりも2~3年早すぎて、お客様がついてきてくれませんでした。タイミングが早いので理解されず、まったく売れないのです。

すぐに取り組むと失敗する可能性があるのです。

そこで、少し「寝かせておく」ことを意識しています。

本当はすぐにでもやりたくて仕方がないのですが、3年ほどアイデアを熟成させると世の中にも理解されるタイミングになり、商品やサービスが売れていくのです。

「会議をやめる」のも効果がありました。もちろんすべての会議をやめるわけではないのですが、私も含めてしなくてもいい会議が、周りに多かったのです。

一緒にプロジェクトをしている会社から、何かと会議開催の要請がありました。

そのたびに事前に、

「この会議のゴールは何ですか？」

「決議事項は何ですか？」

「報告共有事項は何ですか？」

「実際にディスカッションするべき内容は何ですか？」

と確認していくとほとんどの場合、会議を開催する前に結論が出て会議をしなくてもよくなりました。

的確な質問さえできれば、メールや電話での打ち合わせで十分なことがわかりました。これで、移動時間とエネルギーの無駄遣いがなくなるのです。

とにかく本当にそれは必要というものしか残さないことです。

多くの人は「今まではこうしてやってきたから」と、前例や慣習に引きずられて、その行為そのものが無駄だと気づいていません。

これはなくてもできるかもしれないという思考で考えるのがコツです。

人に質問し、行動についてサポートしていく時も同じです。

たいていの場合、答えてくれる人は「あれもやろう、これもやろう」という前向きな気持ちになります。

ところがやるべきことが多すぎると、結局どんな行動にも移せない状態に陥ってしまうのです。自分の体は一つですし、時間もエネルギーも有限ですから、何かをやろうと思ったら、その分、やめることを決めて空白をつくる必要があるのです。

何かに取り組むことだけが価値ではありません。

新たに何かをするならば、同時に何をやめるかを考える必要があります。

質問上手な人が質問をすると、新しく取り組むことは決まるけれど、やることが減るという状況になります。そのため行動に取り掛かりやすいのです。

やることが減って、本当にやるべきことだけにエネルギーを集中できるから、成果も出やすいのです。達成感と満足感があるのでよい循環が起こります。

やらなくていいことを見つけ、やらないことに許可を出してみましょう。

本音と本気を引き出す心得

14「やらないことを決めてみよう」

何を与え、忘れますか？

求めるよりも、先に与えることが大切です。

ただし「与えたことを覚えていると、人は見返りを求めたくなってしまう」ということを知っておきましょう。

この前は与えたのだから、次は私に何かしてほしいと自然に思ってしまうのです。

「誕生日にプレゼントをあげたから、私の誕生日はきっとプレゼントをくれるはず」

「先週は私が支払ってあげたから、今度はごちそうしてくれるはず」

というように。

対価を交換しないとバランスがとれないのですが「見返りなく与える」場合においては、一度その考えを手放してみましょう。

与えるということを「おすそわけ」だと考えてみてください。

たとえば、旬の時季に実家から一人では食べきれないくらいりんごが送られてきた時、おいしく食べられるうちに近所の方や友人に「おすそわけ」をすることでしょう。

自分には十分足りているから、余る分は喜んでくれる人に差し上げるのです。

もらった人が喜んでくれたら、それが自分にとっての喜びになります。

そして大事なことは「おすそわけをした」こと自体を、その瞬間から忘れることです。

与えたことを忘れてしまえば、見返りは求めようがないからです。

おすそわけ自体は、見返りを求めてやるわけではないので、相手からお返しがなくてもいいのです。

不思議なことに、このように与えたことがたまっていくと、意外なギフトがやってきます。多くの場合は、直接の因果関係のないまったく違うところから、忘れた頃にそのギフトは届きます。

惜《お》しみなく与え、それを忘れる。

なぜ、見返りを求めないことが大事なのか。

それは、「感謝してほしい、ほめられて当然」と思って何かを与えることは、相手に要求するということであり、相手からエネルギーを奪うことになります。

同じように「見返りを要求する」ことも、相手からエネルギーを奪うのです。

ふだんから見返りを求めることに慣れてしまうと、残念なことが起こります。

それは、質問をする時も同様で、こちらの質問に「ちゃんと答えてほしい」と強制的に答えを求めるようになるのです。

早く答えてほしい、きちんとした答えを言ってほしい、あなたの質問のおかげで大切なことに気づいたと喜んでほしい、といった強制の感情が働きます。

見返りを求めながらの質問は、相手を委縮させます。

言葉としてはいい質問であっても、質問者が見返りを求めている場合にはいい質問として機能しないのです。質問者の感情やムードは、相手にストレートに伝わっているのです。

そもそも、魔法の質問とは相手のためになる質問のことであり、質問者のエゴで相手を委縮させることは真逆のことになるのです。

だからこそ私は、質問の3つの心得を大事にしています。

「答えはすべて正解」「答えは出なくても正解」「答えはすべて受けとめる」

この3つを実践できれば、相手の答えに何か要求をしたり、強制することはないはずです。そして、相手の答えに期待をしないでいられます。

ゆとりを持って相手と向き合う。

ゆとりがないと焦りが出ますし、相手にその焦りが伝わってしまいます。

答えることを急かされたり、エネルギーを奪われるムードを感じると、質問に答えたくなくなります。

ふだんから与えることをしてそれを忘れる、というゆとりを身につけましょう。

ゆとりがある人は質問上手なのです。

本音と本気を引き出す心得

15「与えたことを忘れよう」

相手が見えていない部分はどこですか？

あなたの一日を振り返ってみましょう。その一日はどのくらい自分の意思で行動したでしょうか？

「もちろんすべて自分で決めて行動しているよ」と思うかもしれませんが、果たしてそうでしょうか？

人の行動は、「意識的な行動」と「無意識的な行動」に分けて考えることができます。

会社に行くというのは意識的な行動ですが、会社に行く通勤ルートを選び、地下鉄に乗る、車に乗るというのは、意識しなくてもできるはずです。これが無意識の行動です。

この無意識の行動をなるべく減らして、意識的に行動することが大切なのです。

ところが、意識的に行動しようと思っても、それだけでは本当にしたい行動につながらない場合があります。


たとえばダイエットに取り組もうと思った時に、

「今日は甘いものを食べないようにしよう」

と決意するのは、「意識的な取り組み」です。

1時間スポーツジムで運動をして、家に帰ってホッとしたらいつの間にか目の前にあったお菓子を食べていた。これが「無意識の行動」です。

「食べないという決意」だけでは、無意識にお菓子を口にすることを止められません。


なぜならば無意識が行動の多くを司《つかさど》っているからです。

日頃の行動も、ほとんどが意識ではなく圧倒的に「無意識」に動いているのです。

意識（顕在《けんざい》意識）は、氷山の一角にたとえられることが多く、人が自覚できる意識は全体の3％とも、5％ともいわれています。

実に90％以上は、無意識（潜在意識）に占《し》められているのです。

ですから無意識をコントロールしない限り行動を変えることはできません。

ところが、困ったことに無意識とはコントロールできないものなのです。

そこで、無意識を意識化することが必要になってきます。

「無意識の行動」にフォーカスすることが大事なのです。

そのために役に立つのが「質問」です。

「ダイエットをするためにどんなことを心がけますか？」

という質問を1日に1度だけするのと、1時間に1度するのでは無意識を意識化する回数が変わってきます。

その機会が増えれば増えるほど、本来たどり着きたい成果が得られやすくなるのです。

人は質問されないと、無意識は無意識のままで気づくことができません。

質問は、無意識を意識化するツールなのです。

無意識を意識化することにフォーカスするといいのです。

相手が「今まで気づいていなかった」部分に気づくことができる。

それが効果的な質問です。

自覚できずにいた部分に気づかせてあげることが、変化をもたらす第一歩です。

「この人が気づいていないのはどこだろう?」

と自らに問いかけて相手を観察し、しっかり話を聞いてみてください。

本音と本気を引き出す心得

16「無意識を意識化しよう」

直感を磨くために何をしますか？

考えれば考えるほど、うまくいくはずだ。そう思っていると、何をするにも常に思考を使ってしまいます。

もし、たった一つの正解しかないならば考えたほうが正解に近くなるはずですが、世の中に、たった一つの正解はありません。ゴールにたどり着くには、さまざまなルートがあり、その方法も一つではないのです。

考えてしまうと、逆に答えに近づきにくくなるのが現実です。

だからこそ、考えることを手放して「直感を使うこと」を大切にするといいのです。

直感を使う時にするといい質問は「やりたいのか？　やりたくないのか？」というものです。この時の答えはYESかNOだけではありません。YESかYES以外かで考えることが大事です。

迷いなく「やりたい！」と答えられれば、それは直感的な答えです。「やりたくないわけではない」というのは、思考で無理やり答えている状態です。これがYES以外という答えです。YES以外の答えをNOではないと捉えるのではなく、NOと捉えましょう。

心ではやりたくない、でも、やったほうがいいのかもしれない。やればお金になる、やればメリットがありそう、やらなかったら損になるかもしれない、今までやっていたからそれは当然だ、など思考で理由をつけて「やりたくないけど、やったほうがいいのかもしれない」と結論づけているのです。

しかし、思考から導かれた答えは、本当に自分が望む答えではないのです。

私の場合も、直感に従ったからこそうまくいっているケースがたくさんあります。

今現在、時間や場所にとらわれないビジネスを構築し、ライフスタイルをつくれているのも直感的に出た答えに従って行動したから生まれたものです。

魔法の質問の活動を始める少し前の頃です。

自分に向けて、「何が面白そう？」と問いかけました。

直感で出てきた答えは「質問って、面白そう」でした。

「いい質問をすると、劇的な変化が起こる」

「いい質問を投げかければ、自分の中から答えが出て行動に移せる」

それに気づいた私は質問って面白いと感じていたのです。

「じゃあ、質問を仕事としてやっていきたい？」

そう投げかけた時、思考では、

「大丈夫かな」

「これでお金を稼ぐことができるだろうか」

「これからの時代にマッチしているだろうか」

といった不安要素がいくつもあがってきました。

でも、私の直感の出した答えは、「やりたい！」だったのです。

直感で「ＹＥＳ」が出たことは、本当に自分がやりたいことです。

たとえその時点で成功例がなくても、お金になる保証がなくても、応援してくれる人がいなくても、本音で「やりたい」と思うことならば、それらの障害は乗り越えていけるのです。「どのようにすれば、できるだろう?」と問いかけることで。

実際、私はこの質問を繰り返すことで、自分が面白いと感じ、やりたいと思ったことを形にしてきました。

すぐにYES、と言えることならば必ずうまくいくのです。

なぜなら、うまくいくまでやり続けたいと思い、行動するからです。

そのためには、心の底からそれがやりたい、ということが欠かせません。

問題は「それほどやりたくないのに、やらなければならない」といった、本音とかけはなれた思考にとらわれている状態です。

思考で考えて答えを出すと、遠まわりの道に入ります。

直感で答えを出すと、その道はシンプルでストレートです。

ふだんから直感を磨いていきましょう。

本音と本気を引き出す心得

17「直感で選択しよう」

第3章

「本当に?」

――本気度を把握するための質問

覚悟ができないことは、やらない

自分は、本当に心からそれをやりたいのだろうか？
本当にそう思っているのだろうか？
本当にそれでいいのだろうか？
自分がやりたいと思ったことは、
実は、人が望んだ道だった、ということもあります。
人生には限りがあります。
貴重なエネルギーは真剣に使ったほうがいいのです。
本当にやりたいことのために、使っていきましょう。

できていることは、何ですか？

あなたには、

「あの人はすごい！　私はとてもかなわない」

と思っている人はいますか？

自分と共通点がありながら、自分よりも活躍している、と感じている人のことです。

同い年のあの人は、自分よりも年収が高い。

同じ職業のあの人は、お客様が自分の10倍もいる。

というように、自分よりできている人を見ると、ついつい比べてしまいます。

その人と比べると、自分のほうが格段に「できていない」と感じて、落ち込んだり不安になったりします。

ですが、このような比べ方をして劣等感を持つことは、もったいないことです。

第3章
「本当に？」
本気度を把握するための質問

劣等感にとらわれていると、ものを見る目が偏ってしまうからです。

他の人の年収やお客様の多さがすごい、と思ったら、すべてのことにおいて、自分よりもその人のほうが勝っている、と思ってしまうのです。

それは、たいていの場合は誤解です。完璧な人間はいないし、一生ずっと好調を維持できる人もいません。

他の優《すぐ》れた人よりも自分のほうができている、ということも必ずあるのです。

自分がすごいと感じている人と比較して落ち込むことは、ここで終わりにしましょう。

たとえば、世界ナンバーワン講師と言われる人がいるとしましょう。

その人のセミナーにはたくさん人が集まるし、影響力も大きいし、売り上げもある。本もたくさん売れているし、エネルギーに満ちあふれている。

私も講演や講師の仕事をしていますので、同じカテゴリーに属します。

「あの人はすごい！　それに比べて自分はできていない」と思ってしまう時期がありました。

ところがある時、私の講座に来てくれた人の言葉で目が覚めました。

「ミヒロさんは、他のセミナー講師のようにギラギラしてなくて、押しつけのない自然体なところがいいんです」

あの人のようにテンションは高くない。でも逆にそこに好感を持ってくださったようです。私のお客様が私に求めていることは、「あの人のようなすごさ」ではなかったのです。

私の特徴は「テンションは高くなく、逆に静かに想いをじっくり伝える」。

でもそれは「自然体」という表現もできるのです。

話が面白かったり、盛り上がることがいいという価値観を持っていると、それができていない自分はダメと判断してしまいます。でも、そこにこだわって優劣をつける必要はありません。誰も私に私以外のものになれ、とは思っていなかったのです。

もし言う人がいるとしたら、それは自分自身。

「あの人のようにならなくては」とか「越えなければ一番になれない」というのは「枠」なのです。劣等感が土台となった、偏った思い込みです。

すべての人に個性があるということを知ると、比較をしなくなります。

そもそもみんな違う人間なので、比較することなんてできないのです。

他の人と比べて、自分のいいところを見逃してしまうのは、本当にもったいないことです。たしかに劣等感やコンプレックスはバネにすることで成長できることもあります。

でもそれにこだわっていると「足りない部分を増やす」ことに意識が向いて、「自分が本来持っているいい部分を伸ばす」ことにエネルギーを注ぐのを忘れてしまいます。

他人のすごさに目がいくことは、「外」を見ている状態です。

自分のいいところを見つけるには、自分の「内」を見ることが大切です。

どうしても比べてしまうというのであれば、他人と比べるのではなく過去の自分と比べてみましょう。

「あの頃と比べて、できていることは何だろう?」

昔と比べると確実に成長しているはずです。その成長を確認できれば、自信にもつながります。比較することではなく、成長することに意識を向けてみましょう。

本音と本気を引き出す心得

18「他者と比べることを手放そう」

損得よりも、心で選ぶために何ができますか？

あなたは何かを選ぶ時、何を基準にしているでしょうか？

こちらを選んだほうが得するし損しない、と損得で選ぶことがあるかもしれません。

損得は、頭で計算しています。

たとえば、友人と食事の約束をしていたけれど、もっと仕事にプラスになりそうな会合への誘いが入った。この会合に行けば新しい契約につながる。だから、友人の約束を断って自分の得になる会合に行こう。

これが損得勘定《かんじょう》で選ぶ生き方です。

でも、これではお金は入ってくるかもしれませんが、人は去っていくかもしれません。

「損得で選ぶ」

の逆にあるのが、

「心が動くほうを選ぶ」

です。

心が動くこととは、自分が心からしたいことを選ぶ、という意味です。

これを私は「愛の選択」と呼んでいます。

計算で動いていないので裏表がなく、人と気持ちよく関わることができます。

実は、ビジネスの場面でも損得を無視して心が動く選択をすると、結果的によいものが手に入ることが多いのです。

先日、ジャケットを買おうとショッピングに出かけた時のことです。

「どのようなものをお探しですか?」

と聞いてくれた店員さんが、

「ああ、それでしたら、3軒先のお店にぴったりのものがありますよ」

と、他店を紹介してくれたのです。

損得で考えたら、他店で買うより自分の店で買ってほしいはずです。

でも「どのお店であっても、お客様が気に入った服を手に入れられることが大切」と思っての言葉に、とても好感を持ちました。

結局のところ私は、このお店に戻ってきて服を買いました。

3軒先の店も行ってみたのですが、店員さんの接客がどうも自分に合わず、私が求めるどんな服に何を組み合わせたらいいかの相談ができなかったのです。

損得抜きに相手のことを思う姿勢が、結果として売り上げにつながったのです。

また、ある時私は眼鏡を買いに出かけました。

「今このフレームが人気です。よく売れているんですよ」とか「こちらが先週入荷したばかりの新しいモデルです」と説明してくれる店員さんはいるのですが、どれを買ったらいいのか決められませんでした。

私にとっては、「人気がある」とか「新しいデザインであること」はどちらでもよいことで、選択の理由にはならないのです。

ところがある店で、素晴らしい店員さんに出会いました。

「どんなふうに見られたいですか？」

と聞かれたのです。

第3章 「本当に？」本気度を把握するための質問

その眼鏡をかけたとき、人からどんなイメージで見られたいのか。

その眼鏡をかける時は、どんな人と会っているのか。

どんな服装をしているのかを考えさせられました。

「そのように見られたいのであれば、私がおすすめしたいのはこの3種類ですね。ぜひかけてみてください。一番その姿に近いのは、3つのうちのこれだと思います」

たしかに、そのおすすめのものが気に入って、購入することができました。

損得で考えていると、

「今月の売り上げノルマは、あと○○万円。売れそうなものをすすめよう」

となるかもしれません。

でも損得抜きに、

「目の前の人が求めているものは何だろう。どのようなものがぴったりだろう」

と親身になって考えてくれる人には、好感を持ちます。

この人から、「また買いたい」「友達にもすすめたい」ということになるのです。

いつも損得で物事を考えていると、人間関係に潤《うるお》いがなくなっていきます。

人が行動を起こす時。それは「心が動いた時」なのです。
ものを買う、学ぶ、参加する、何かを始める。すべてのベースはここにあります。
常日頃から、心から選ぶ、ということを意識してみましょう。

本音と本気を引き出す心得

19「心が動くことを大事にしよう」

何を吐きますか？

呼吸は、たくさん吐《は》くことでたくさん吸うことができます。

呼吸という文字を見てください。

先に「呼（＝息を吐く。吐く息）」があり、次に「吸（吸う）」と書かれています。

まず息を吐き、そして空っぽになった部分が大きいほど、たくさん吸い込むことができるのです。

コップに入った水をイメージしてください。

濁《にご》った水が入ったコップから、水を半分捨てます。

そこに綺麗な水を注いでも、水は濁ったままですね。

でも、すべてを捨てて空っぽにしたところに、綺麗な水を注いだらどうでしょうか？

空っぽにすれば、綺麗なもので満たされるのです。

つまり、吐ききることを意識するのが、よい呼吸をするコツです。

呼吸に限らず、ふだんの行動でも同じことが言えます。

吐くことはアウトプットであり、吸うことはインプットです。

アウトプットは行動や伝えること、インプットは情報や知識を吸収することです。

「あれもこれも学びたい、本も読みたいし、資格もとりたい。

そうすれば自分の価値が高まって、自信が持てる」

でも本当にそうでしょうか？

自分に自信がないと、吸収することに一生懸命になります。

でも、肺にいっぱい空気が入っているときは、それ以上吸い込むことはできません。

まず最初に、吐き出してスペースをつくることが大事なのです。

次から次へと新しいものを取り入れようとするかわりに、

「捨てたほうがいいものは何だろう？」

「忘れてしまったほうがいいものは？」

「やめたほうがいいものはあるかな？」

と、吐き出すことを考えてみてください。

不要なもので場所をふさいでいないか、執着することでエネルギーを失っていないか。それをやめれば、時間とエネルギーが確保できそうなものを見つけてみましょう。吐き出してスペースをつくれば、新しいものが入ってきます。十分なスペースを確保してから、新しいものを取り入れるのが、身につける近道になります。

また、せっかくスペースをつくって新しいものをインプットしても、「学んだ」という満足だけで止まっていたら、それは真の学びにはなりません。

本当の学びとは、インプットとアウトプットがセットになって初めて身につくものなのです。学んだものを、教えたり伝えたりすることで自分のものになるのです。

たとえば本を読んだ時、読んですぐは「素晴らしいことが書いてある、やる気が出てきた」と思ったりします。

でも何もせず1か月たった時、もう一度その本のことを思い出してみようとしても、何が書いてあったかさっぱり思い出せない、という経験はないでしょうか。

一方、読んだ本に感銘を受けて、それを人にどんどん伝えていったという場合、伝えた相手も「これはいい」と言ってくれるので、実践することが楽しくなります。何度も口にすることでよく覚え、実践することでその本質を体験として理解できていくのです。読んでわかった気になることと、読んだことを実際に体験することには、大きな違いがあります。

「知っている」と「している」には、大きな隔《へだ》たりがあるのです。

人に教えようとする時、「自分は今、ここが理解できていないな」と気づくことができます。そして「どんなふうに説明したら、わかりやすいだろう?」と考えるようになります。

ただ学ぶという受け身でいるより、はるかに成長するのです。

インプットだけを一生懸命していると、なかなか成長しません。

アウトプットすることで、身につけていきましょう。

どちらかが大事なのではなく、どちらもバランスよく行うことが大切です。

本音と本気を引き出す心得

20「吸う前に吐こう」

どんな状態でいたいですか？

「目の前の出来事は、相手が起こしたことであり、自分のせいではない」

そう思うことはありませんか？

でも、すべての結果には、何かしらの原因が自分にあります。

「今起きていることは、自分が何かをしたからこうなった」と考えると、問題の解決が早くなります。

「自分の何がいけなかったのだろうか？」

「その原因は何だったのだろうか？」

「何を変えればそれを防ぐことができたのだろうか？」

課題解決型の考え方は、外に原因を探すことをしません。自分がコントロールできる範囲で、問題の再発を防ぐ方法をつくり上げます。

そうすると、相手が一方的に悪いと思うことはなくなります。

「自分の周りで起こっていることは、自分の鏡である」

その意識で相手に関わっていくと、身の周りで起こることが変わってきます。

それは、ビジネスや問題解決のことだけではありません。

どんなことも、自分の精神状態が周囲に伝播《でんぱ》して起こっている、とイメージしてみてください。

イライラしている時には、さらにイライラすることが起こってしまいます。

海外に出張した時に、こんなことがありました。

まず、飛行機が遅れました。

空港からタクシーに乗ったら、感じの悪い運転手さんにあたり、約束していた夕食会に間に合わない。

やっとホテルに着いたら、手違いで予約がとれておらず、部屋は満室。

でも、心を落ち着けて、物事をいいように受けとめられるようになると、起こる現象が変わっていくのです。

もちろん、起こったことそのものを変えることはできません。
飛行機は遅れるし、夕食会には出られないし、ホテルの部屋はないのです。
ですが、起こったことをどう受けとめるかは、変えることができます。

ここでするべきステップは、

① 受けとめ方を変える
② 気持ちを整える
③ その気持ちに反映した出来事が起こる

です。

まずは、ステップ①の受けとめ方を変えてみましょう。
飛行機は遅れるし、夕食会には出られないし、ホテルの部屋はないという状況の中、これらの出来事の受けとめ方を変えるのですが、そのコツは感謝できることを探すことです。

飛行機は遅れたけれど、無事に着いたことに感謝してみます。

夕食会には出られないけれど、機内でインターネットに接続できて、約束の相手と連絡がとれたことに感謝をする。約束を翌日のランチに変更してもらえたことに感謝する。

ホテルは満室だったけれど、近くにあるホテルを紹介してもらえて、30分かからずにくつろげる素敵な部屋にチェックインできたことに感謝する。

このように感謝を見つけることができると、まずは自分の生活が変化します。そして周りの雰囲気や出来事も変わってきます。

タクシーの運転手さんだって人間です。感じの悪い客に対して、愛想よくする気がなくなることもあるでしょう。もしこちらが笑顔でねぎらいの言葉をかけたら、その瞬間からお互いの関係性は変わるはずです。

「自分の周りで起こることは、自分の鏡」なのです。

これに気づいてからは何事にも感謝するようになり、すると、穏やかで優しい人たちが自然と周りに増えました。自分がそのように振る舞うことが多くなったからです。

そういう人と一緒にいると、いいことしか起こらなくなるのです。

鏡は先に笑いません。
自分が笑うから、鏡も笑うのです。
すべては自分次第です。
あなたは、周囲にどんな顔を見せていきたいですか？

本音と本気を引き出す心得

21「まずは自分を整えよう」

どんなあり方を大事にしていますか？

「何をしよう？」「これをしなきゃ！」。

ＴＯＤＯリストを毎朝つくっては、行動することばかりを考えすぎていませんか？

行動することは素晴らしいことなのですが、その前にもっと大事なことがあります。

行動は、どのようにありたいかという指針が明確になった時に、初めて成果につながるのです。

どのようにありたいかとは、何を大事にそして大切にするのか？　自分のルールや軸は何か？　ということです。

大切にしたいことが定まっていない時に行動をしても、空まわりになってしまいます。

たとえば、サッカーではゴールキーパー以外は手でボールを触ってはいけない、というルールがあります。

「足だけにする？　手も使っていい？」とルールが決まっていない状態では、試合もできないし、何をどう練習すれば強くなれるかも、わかりません。

もし、そんな状況でやみくもに練習をしても、ルールが明確でない状況ではせっかくの練習が無駄になってしまうことのほうが多いでしょう。

何のスポーツをするかわからないのにトレーニングをするのと一緒です。

私にも、大切にしたいことがぶれた状態のまま活動し続けていた時期がありました。

その時のエピソードです。

私の大切にしたいことの一つに、

「目の前の人を幸せにする」

があります。

しかし、常にそれを意識しないと、軸がぶれていってしまうのです。

講演依頼がたくさん来るようになった時、いただいた依頼をすべて引き受けていた時期がありました。たくさん行えば、より多くの人に届けられると考えたのです。

しかし、それを続けているうちに、違和感を覚えるようになりました。全国各地への出張で1日に3回も講演することもありました。その結果、時間に追われて「目の前の人を幸せにする」ことがおろそかになっていったのです。

その会のためにお客様を集めてくれた主催者とゆっくり話すこともできない。終わった後に、質問をしたいというお客様と会話をする時間さえない。これは「目の前の人を幸せにする」ことになっているのか疑問が湧いてきました。

もっと明確に、ぶれない自分のあり方やルールを決めなければいけない、活動を見直さなければいけないと感じていました。

さらに結婚してからは、もっと目の前にいる家族を大切にしたいと改めて強く思いました。一人で活動していると、何か不都合があっても自分が我慢すればいい。でも、パートナーという「目の前の人」を大切にするために、自分の行動を変える必要性を感じたのです。

そこで、活動とルールについて改めて考え直しました。

他にも大切にしたいことに

「まず、自分が楽しむ」

というものがあります。

自分自身が楽しんで満たされないと、継続することができなくなるからです。人のためだけに消耗するのではなく、自分が楽しみ、相手も楽しむ循環をつくる。

そうすると、時間に追われるようなスケジュールは自然と立てなくなりました。

「何をどのようにするか」は、「どうありたいか」という自分のルールが明確になって初めて成果につながるのです。

どうありたいかは忙しい日々の中では忘れてしまいがちです。そんな時こそ文字にしてみましょう。よく目にするところに置き、行動がそれにマッチしているかを常に確認するのです。そして、その前にまず自分の大切にしたいルールを「見つける」ことから始めましょう。

本音と本気を引き出す心得

22「することより、どうあるかを先に決めよう」

事実は何ですか？

世の中には事実しかありません。しかし私たちの世界には主観しか見えておらず、事実は隠れています。

主観の中に潜んでいる事実を、いかに見つけることができるかが大切です。

私たちは、生まれてから今日まで、物事を「主観」で見ています。

人は、生まれ育った環境や経験を総合し、よしあしの判断を下す基準を持っています。それが主観です。

主観で物事を判断する時、その奥には「事実」があるのです。

しかし、その事実とは何かを見ることは、なかなかできていません。

100人いたら100人が同じことを言うのが事実です。

たとえば、北海道から来た人が「今日の東京は暑い」と感じても、沖縄から来た人は「今日の東京は涼しい」と感じる、といった違いが起こります。

これは主観です。この二人が会話をすると、ずっと暑い涼しいと言い合ってしまうことでしょう。

では、ここにある事実は何でしょうか？

「東京の今の気温は、24度ですね」です。

この事実を伝えれば、この二人は「そうですね」としか言うことができません。

このように、ある事実があった時に、人はその事実を自分の主観で受けとめて言葉を発します。

異なる主観を持つ人が相手だと、本当に伝えたいことや本当に思っていることが、相手に伝わらないということが起こります。

質問を使うと、異なる主観を持つ人同士の、会話が成り立つ土俵をつくることができます。同じものを見て話をできるようになるのです。

そのために必要なのが、「事実は何か？」を見つける力です。

事実を見つける練習になるのが、ニュースの事実報道や数値化です。

感情を入れない情報だけの報道は「事実」を伝えています。

ニュースでは、5W1H「いつ（When）、どこで（Where）、誰が（Who）、何を（What）、なぜ（Why）、どのように（How）」が盛り込まれています。

この要素が含まれるように、

「この話をニュースのように表現するとしたら？」

と練習してみてください。

また、数値化することは、仕事の面でも、とても効果があります。

「どう？　あのプロジェクト進んでる？」

という質問に、

「もうバッチリです！」

と自信満々の答え。でもまったく進行しているようには見えません。そんな時は、数値化した質問で事実を見つけていきます。

「今、何％ぐらいできている？」

「10％です！」

本人は残りの90％が、あと1週間でできると考えていますが、それはただのポジティブ思考であり、現実的ではありません。

数値化していなかったら「もうバッチリです！」という言葉を信じて、当日になって実はできませんでした、ということになっていたかもしれません。

主観ですれ違うことを防ぐには、奥にある事実を見つけること。

その事実を明らかにして伝え合って、同じものを見ている状態で会話をしましょう。

これができるようになると、ストレスがぐっと減ります。

本音と本気を引き出す心得

23「事実を認識しよう」

ニュートラルでいるために
できることは何ですか？

自分が心から惚《ほ》れ込むような商品やサービスに出会った時、誰かと分かち合いたくなります。いてもたってもいられずに、誰かに伝えたくなり、そしてその人にもその商品やサービスを使ってほしいと強く思います。ましてや、それで自分の人生が変わるくらいインパクトがあるものであれば、なおさらです。

しかし、この時の心の状態はとても偏っているのです。

その商品がすべてで、それを使わなければうまくいかないというくらいに強く思ってしまいます。夢中になればなるほど、偏りが生まれるのです。偏ると、見えるものも見えなくなってしまいます。

たとえば、長年病気で悩んでいた時にある治療法に出会ったとしましょう。その治療法ですっかり改善し元気な姿を取り戻しました。そうすると、その治療法こそがすべてで、それを選ばなければ命がなくなると思えるくらい、強引《ごういん》に周りの人たちに勧《すす》めてしまうことでしょう。

相手の気持ちを考える余裕もなく、そして相手の話を聞くゆとりもなく説明し、勧めるだけになってしまいます。

これを、相手の選択肢を奪う状態と言います。選択肢を奪うということは自分はニュートラルな感覚でいられるはずもなく、だいぶ偏っているのです。

このような状態が続くと、限られた方々には感謝されるかもしれませんが、友達を失い人との関係も悪くなってしまうことでしょう。そしてどんどん人が離れていくことになるのです。

相手が自分が提案したものを選んだとしても、そうでないものを選んだとしても、どちらでもいいというのがニュートラルでいるということです。ニュートラルな状態で接すると、相手から嫌悪感を抱かれることはほとんどありません。

このように自分が提案する時もそうですが、相手から提案された時もニュートラルでいると、とても楽になります。

本音と本気を引き出す心得

24 「ニュートラルでいよう」

「絶対これをしたほうがいいよ」

「この方法でやらなきゃいけないよ」

と提案されても、その方法がすべてではないし、選択肢の一つとして考えるといいくらいに思っていることがニュートラルを保つポイントです。

偏りなく関わり合うと、みんなそれぞれにいいところがあることに気がつきます。世界にはさまざまな価値観があり、それぞれをよいと感じている人たちがいます。

どんなことでも「そうなんだ」と、否定せずに受けとめてみましょう。

また逆にニュートラルであるためには、いつもの自分だったら選ばないことに触れてみるのも一つの方法です。

今までしてきたことと逆のことをやってみたり、ふだん話をしない人たちと話をしてみましょう。そして、そんな考え方もあるということを知り認めてみることで、ニュートラルに近づくことができます。

何を手放しますか？

所有して自分のものだけにするよりも、共有して多くの方々と分かち合いたい。そんな想いが年々強くなりました。そうすることでいい循環が生まれるのです。

昔はたくさん所有し、独占するのが格好いいと思っていましたが、今はその逆です。所有したとしても共有し分かち合う、所有していなくても共有して活用できる、そんな環境が整っています。

所有することよりも、共有することを大切にする人たちが増えているのも事実です。たくさん持っていても何も使われないのであれば、シェアし合って循環させたほうがいいという価値観です。

昔は持っていないと使えなかったものも、今では使えるようになったものがたくさんあります。

別荘や自宅の空いている部屋を1日単位で貸し出すことができる。そうすることで別荘を購入しなくても、ホテルを借りなくても、快適に滞在することができるようになりました。

自分の車と空き時間を提供してタクシー代わりに使ってもらう、電車やタクシーに乗らずに街にある共有の自転車を使い通勤をする。

自社だけでテナントを借りるのではなく、ビルのテナントスペースをシェアして、さまざまな規模の企業がその場所を使う。

「所有」しなければ使えなかったものが、「共有」することで使える世の中になってきているのです。

このおかげで、いろいろな人が所有せずして、素晴らしい暮らしを体験できるようになりました。

持っているだけで使われていない、というのは、資源とエネルギーを無駄にしていることにもなります。

持っているものは、資産もお金も時間も誰かが使ってこそ活きてくるのです。そしてそれらは循環すればするほど自分のところにも返ってきます。

私たち夫婦はここ数年、冬になるとオーストラリアに行くのですが、自分の家ではなくシェアハウスを提供している方の家を借りて住んでいます。

この家を提供している人と価値観が似ているということが、環境への配慮や暮らし方の細部から感じられます。

考え方に共通点がある人との間では、お互いに共鳴し合います。

実際、そのお家の人と、一緒に仕事をすることにもなりました。

「共有」すると循環が起き始めます。その循環から、新しいものが生まれていくのです。

所有や独占にこだわると、失いたくない、囲いたい、守りたいという気持ちが生まれ、動きが鈍くなり滞《とどこお》る場合もあるかもしれません。

循環を大切にしている人は、質問をする時も循環を大事にできるのです。

いい質問とは循環する質問です。

答えていくと気持ちが循環し、今まで出なかった答えも出てくるようになるのです。

循環する質問ができるようになるためにも、ふだんの暮らしの中でも共有し、循環していきましょう。

持たなくても豊かであることを知り、循環の中で生きていきましょう。

本音と本気を引き出す心得

25「持たなくてもいいと知ろう」

第4章

「それで?」

——目標の意味が見出せる質問

目標のその先をイメージして全体像を見る

目の前のことをしているだけでは、
本来進むべき道が見えなくなることがあります。
今自分がしていることが何につながっていくのか。
目標だと思っているものは、実は一つの通過点です。
それがわかれば、先の先にあるもの、
その価値に向けて進んでいくことができます。
遠くと近く、その両方を見られる目を持ちましょう。

信じるために何ができますか？

人を信じることができるか、それともできないのか。

あなたはどちらでしょうか。


私は、もちろん人を信じたいと思っています。

でも、その思いを忘れて時に疑う場合もあります。

たとえば、仕事で何か作業を頼んだ時。

「これやっておいてね」と頼んでおきながら、心のどこかで「本当に大丈夫かな？　ちゃんと仕事をしてくれるかな？」と不安になることがあります。

だからといって心配をして、

「本当に大丈夫なの？」

「ちゃんとできるの？」

と、声をかけるのもよくありません。

これらの質問は、相手を信じていないというのが表れている質問だからです。

もし、相手が100％やってくれると感じていれば、このような確認のための質問はしないことでしょう。

もちろん、締切やクオリティなど、チェックするために管理しなければいけない要素もありますが、そもそもの気持ちとして、相手を信じているかどうかが質問を通じて相手に伝わってしまうのです。

相手から信じられていないという場合、不安になったり不信感につながったりします。

逆に信じてもらえていると実感できれば、頑張ろうと自然とやる気が出てくるかもしれません。

親子関係でも同じです。

「勉強しているの？」「将来は大丈夫なの？」と質問するのは、心配するというよりもできると信じていないと思われてしまうことでしょう。

こちらが信じていなければ、相手もこちらを信じる気持ちにはなれないのです。

信頼関係は、双方向のコミュニケーションから生まれるのです。

人に対して、

「この人はちゃんと行動するかな？」

と疑問を持ってしまうと、疑うことになります。

「大丈夫かな？」

と心配することも、信じてはいなく、疑っているのと同じなのです。

では、どんな質問をしたら信頼関係が深まっていくでしょうか？

実は、どんな言葉を使うかよりも、その時こちらがどんな心持ちでいるかが大事です。やり方よりも、あり方に秘訣があるのです。

まずは、相手のことを信じることです。

「たとえ失敗したとしても、必ずこの人なりのいい方法を見つけて、うまくできるようになる」と信じる。

失敗を責めるのではなく、それを糧《かて》にして成長すると信じて、見守ること。

寄り添いながら、共に進む姿勢でいることが大切です。

取り組む姿を見守りながら、協力する気持ちを伝えてみましょう。

「何か手伝えることはある？」

「不安な点があれば言ってね」

「今、どんな気持ち？」

相手が、素直に思ったことを口にできる状態をつくります。

「いつでも協力するから、やってごらん。あなたならできる！」

という気持ちで接していきましょう。

そんなふうに声をかけられたら、

「よし、やろう」

とやる気が湧きでてくることでしょう。

反対に「できるの？」「どうせまた失敗するんだろうけど」という態度をされたら、反発する答えを返したくなります。

反発から出た答えは、本心でないことが多いのです。

「できるの？」と言われて、本当は不安なのに「できます！」と言ってしまうというような場面です。

相手を信じているその土台があれば、相手も「実は不安なんです」「わからない部分があるんです」「教えてください」と、本音で接することができます。

「この人は大丈夫と信じる」その上で「手伝えることがある？」と応援して、見守りましょう。

相手の成長を促《うなが》す関わり方をしていきましょう。

本音と本気を引き出す心得

26「100％信じよう」

どんな期待がありますか？

身近な存在になればなるほど、相手に期待をします。

そして、期待がはずれた時に怒りや悲しみを感じます。

時には、この関係を解消したいとまで失望することがあるかもしれません。

そんな時は、期待をせずに待つということをしてみるとよいのです。

いつまでにこれをしてほしい、いつまでにこういう思いになってほしいという時間的な制約があると、その期限が来た時にできていない場合、期待がはずれたということになります。

でも「いつかやってくれる」という視点を持つと、期待ははずれにくいものになるのです。

「期待」とは自己中心的な希望で、「待つ」ことは相手中心の関わりです。

もしあなたが、「期待をせずに信じて待つ」ことができれば、相手との関係性が変わります。

いつまでもいつまでも待つのです。

愛を持って見守るのです。

決してアドバイスはせずに、自分で気がつき成長するのを待つのが、大事なのです。

ある師が弟子に言った言葉です。

「やっと気がついたか」

これは、10年も前からこうしたほうがいい、と思っていたことがあったけれど、自分で気がつくまで、ずっと待っていた時に出た言葉です。

それだけ愛を持って、気長に見守ることが大切なのです。

質問と答えのやり取りをする時、質問する側は、実はほとんどが待つ時間なのです。

60分間質問をする時間があるとしたら、55分くらいは話を聞いているか、相手の答えを待っている時間なのです。

質問したら、あとは待つだけ。

待てずに、

「早く答えてほしい」

「ちゃんとした答えを言ってほしい」

という期待があると、はずれた時にイライラしてしまいます。

自分を満たすことができていれば「期待を手放し、相手を信じて待つ」ことができるようになります。

本音と本気を引き出す心得

27「期待を手放そう」

待つために何をしますか？

待てないと感じるのは、どんな時でしょうか。

もしかすると、いつも何に対しても待つことができずに「早く解決したい」「すぐやってほしい」と、願っているかもしれません。

そして、ちょっとでも待たされるとイライラしているのでは？

日本の電車はとても時間に正確なので、1分でも遅れると、すぐに怒る人もいることでしょう。でも海外では時間通りに来ないどころか時刻表がないところもあるくらいです。

ですので、遅れても怒る人はそれほどいません。

「自分の力でどうにもならないことに焦っても、しょうがないと思っている」からです。

そして、この感覚が大事なのです。

南フランスのある街に行った時のことです。

友人と、雰囲気のいいレストランに入ったのですが、どうも人手が足りていないようでした。

席には着けるのですが、注文を聞いてもらうことができないお客さんであふれていました。

イライラしている人、怒っている人も多い中、私たちは慌《あわ》てることなく、会話を楽しんでいました。

30分ほどたって、ようやく注文をとりに来てくれたので、

「今日は忙しくて大変ですね」

とねぎらいの言葉をかけました。

「ありがとう。そんなふうに言ってくれたのはあなたたちだけよ」

と彼女は笑顔を見せてくれ、なんと注文していないシャンパンをごちそうしてくれました。

焦っても怒っても状況は何も変わらず、いいことは何一つありません。

待てるゆとりがある人は、待っている時間をどう過ごすか、どう楽しむかを考えています。

待ち方を知っているのです。

そして人を傷つけることなく、喜びを循環させていくことができます。

人と関わりを持つ時に「待つゆとり」を身につけましょう。


質問を発した時、多くの人は「すぐ答えてほしい」と思っています。

ですが、質問はすぐ答えることに価値があるわけではありません。


車の運転免許をとるために、実際の道路に出て教習を受けた時のことです。

本線に合流しようとするのですが、車が途切れることなくどんどん走ってくるので、いつ入っていったらいいかわかりません。

すると教官はこう言いました。

「ずっと待つんだよ。車が途切れるまで。

待っていれば、タイミングが必ず来るから」

いざ、合流できるまで待った時間は、おそらく2~3分でしょう。その時の私には20分にも30分にも感じましたが、無事に合流することができました。

この時に、待っていれば必ずいいタイミングが来るということを体感できました。

時には待つしかない、ということがあるのです。

質問をした相手が「わからない」と答える時。

その様子を観察してみてほしいのです。

本当にわからないのかもしれません。

でも、言ったら怒られる、否定される、と思って「わからない」と言っている可能性もあります。

また「まだ答えが出ないの?」「早く答えなさい」という圧力を感じて、仕方なく口にしているのかもしれません。

待ってもらえないと「とりあえず、何でもいいから何か答えておこう」という気持ちになります。これでは、質問の意味がなくなってしまいます。
「あなたの答えをいつまでも待っているよ」という人から質問されると安心します。
そんな状態で質問してもらえると、自分の本当の答えを探そうとします。
大事なのは、信じて待っているよということを伝えること。
「今はそうなんだ。じゃあ、答えを思いついたら教えてね」
温かいまなざしで、黙って待ち続けることです。
ふだんから、待つ練習をしてみましょう。

本音と本気を引き出す心得

28「ひたすら待とう」

質問せずに何をしますか？

何かに没頭すると、それがすべてになってしまう。そんなことはありませんか？

質問力のことを学びすぎると、質問ばかりしたくなります。

質問力の研修を企業で行った時のことです。

課長や部長など管理職の方に質問を学んでもらうと、こんなことが起こります。

真剣に受講しているがゆえに、今まで命令ばかりしていた部下に対して質問をすればいいということに気づきます。

すると、会社に戻って立て続けに部下に質問をしてしまうのです。

たくさん質問をすれば成果が出るというわけではありません。

適切な質問を適切なタイミングで行わなければ、逆効果になります。

ところが「たくさん質問すればいい」と勘違いしてしまい、やみくもに質問することで、かえって、お互いの関係性まで悪くなってしまうのです。

このケースでは、相手のために質問をするのではなく、質問をすることが目的になってしまっています。

目的と手段を取り違えているのです。

本来したかったことは、相手が自分の答えを見つけてくれることであり、質問はその手段でしかありません。

相手に対して、本当に効果のあるエネルギーのこもった質問をしようと思ったら、質問をする前にするべきことがあるのです。

どんな質問をしたらいいか、それを考えるためには相手の話をたくさん聞く必要があります。

私であれば1時間あったら、相手の話を聞くことに55分は使います。

相手に興味を持って話を聞き、その上でこれぞという質問をするのです。

質問上手な人ほど、質問を頻繁《ひんぱん》にはしません。
しっかりと話を聞くことをしないと、いい質問ができないことを知っているからです。
いい質問をするために、相手の話に耳を傾けてみましょう。
そして、じっくりと質問をつくり上げましょう。

本音と本気を引き出す心得

29「相手の話に耳を傾けよう」

どんな答えを見つけましたか?

学校の教科書には、正解が書いてありました。だからどんな問題でも、必ずどこかに正解が書いてあると思っていました。

社会に出て、何かわからないことがあると、書籍を読んだり人に聞いたりして、今の状況の正解は何かを知ろうとします。

しかし、自分にとって役に立つ答えは、そこには書いてありません。そう、どこにも書いていないのです。

答えがどこにも書いていないことを知っている人は、実際に行動し経験を重ねます。なぜならば経験からしか答えは出てこないと理解しているからです。

机の上の勉強だけで見つけようとするのではなく、人に会い、自分で体験して、自分なりの答えを見つけようとするのです。

私が起業したばかりの時に、「起業の仕方」「売り上げを伸ばす方法」「MBAの経営手法」といった本を読んでも、その通りにはいきませんでした。つまり、そこに書いてある答えは、私にとっての答えではなかったのです。

書籍で成功例を知ることができても、それはその人にとっての答えであり、内容や状況、時代や規模などの要素が違うので、あてはまらないことも多いのです。

中学や高校のテストなら、勉強をすれば問題を解くことができたのですが、社会に出たらそうはいきませんでした。

100人の人がいたら100通りの答えがあるのだ、ということに気がつきました。

すでに存在する答えを探すのはなく、自ら答えを生み出すことが必要なのです。

質問をした時、相手がこちらに答えを求めてくる時があります。

もし、自分に経験があれば、その答えをつい言いたくなることでしょう。

でも、それをこらえて、自分で答えを見つけてもらうことを優先しましょう。

自分で答えを見つけない限り、ずっと外に答えを求めればいいと依存してしまうからです。

自分で答えを見つけるということは、選択のすべてを自分自身で決めるということでもあり、自分の人生を生きることにもなるのです。

本音と本気を引き出す心得

30「自分で答えを見つけよう」

瞬間を大事にするために何ができますか?

計画をした時としない時、どちらがうまくいくでしょうか。

たしかに、計画を立てるのは大事なことですが、必ずその通りに遂行《すいこう》しなければと、とらわれてしまうと、本来の目的から離れてしまうことがあります。

人の気持ちや物事は、計画通りには進んではいきません。


ラジオ番組のゲストとして呼ばれた時のことです。

生放送なので、事前にどんなタイミングで何を話し、パーソナリティからこんなことを質問されるという台本が用意されていました。

放送前に軽く打ち合わせをして、まもなく本番が始まりました。

すると、開始早々から台本通りには進まず、その場の雰囲気で会話をし、インタビューを受けました。

打ち合わせしていた時とは、まったく違う話になったのです。

しかし当初の予定のシナリオよりもずっと面白くなり、リスナーからの反応もとてもよいものでした。

「いつも、台本は使わないのですか？」と聞くと、台本通りに進んだことは一度もないと言われ、驚きました。

パーソナリティとは、ゲストの話を引き出す「質問家」です。

よい質問ができる人は、今、目の前で起こっていること、今この人から何の話を引き出したらお客様であるリスナーが喜ぶかを意識して、アドリブで対応をします。

あらかじめゲストの背景を調べ、どんな人かを知り、今回のテーマにそって何を聞こうか？　と計画するのは、よいものをつくり上げる過程として、必要なステップでしょう。

ですが、いざ本番が始まった時には、その瞬間瞬間を大切に味わうことにスイッチします。計画したことは忘れて、目の前の最善にフォーカスするのがよいのです。

これは、私たちが人に質問をする時も、まったく同じです。

計画を立てて、その通りに質問をすると、的はずれな質問になってしまうことが多いのです。

質問することに慣れていない場合は、どんな順番で質問していくかを準備することでしょう。どう進めていいか不安なので、事前に道筋を頭で考えておくのです。私も最初の頃は、この準備を行わないと不安で質問ができませんでした。

しかし、いざ質問を始めると、相手の答えは自分の予定していたようには出てきません。多くの場合、まったく違う方向に進んでいきます。

そうすると、相手の答えを修正したくなってしまいます。

こちらが思い描いていた想定通りに、会話を誘導していきたいと思ってしまいます。

これでは、相手の本当の想いを引き出すことにはなりません。

よい質問とは、質問者のためではなく、答える人のためになる質問なのです。

そのためにも、質問はその場その場でつくっていくことが大事になります。

先程、台本通り進むことはないけれど、毎回台本をつくるという話をしました。このプロセスがとても大切で、いかなる時も準備はしたほうがいいのです。しかし、その準備したものにとらわれずに、目の前のことに集中することが大事なのです。そのラジオ番組も、台本があるからこそ台本をはずれて面白い番組がつくられると話してくれました。

それに倣《なら》い、私も質問をする時はしっかりと準備をします。でもいざその時になったら「その準備した計画を忘れる」ことをします。

本音と本気を引き出す心得

31「計画を手放そう」

また、旅に行く時は、旅先でのプランを綿密に計画することはありません。

計画を立てて、計画通りに進めていけば、安心感はあります。

でもそれは体験ではなく、単なる「確認のための行動」なのです。

計画したことには、計画以上の喜びや成果は起こらないのです。

その場での流れや直感を選択することで、思わぬ出会いがあったりします。

だからこそ、瞬間を大事にしていきましょう。ふだんから計画を手放して、その場で必要なことを感じ、決断するということをしてみてください。

何を削ぎ落としますか？

物事を「複雑に説明する」ことは簡単です。

思ったことや解説を、全部つけ加えればいいのですから。

伝えるほうはそれで安心しますが、受けとるほうは、複雑になればなるほど混乱します。

複雑なものをシンプルに解読しないと理解できないので、理解するのにとても時間がかかります。

逆に「難しいことをシンプルに伝える」のは、とても難しいものです。

シンプルにするとは、削《そ》ぎ落としていくことであり、勇気がないとできません。

私が最初の頃つくっていた質問もとても長かったのですが、経験を積み重ねる毎《ごと》にシンプルに短くなっていきました。

シンプルではない質問には、解説や条件が入るのです。

「もし、あなたが今の会社の社員ではなく、10年前に起業して、それが大成功して、いろんな苦難を乗り越えて、年収が2000万円になって、お金にゆとりができて、かつ家族も幸せで、子どもも好きな道を歩んでいたとしたら、あなたは何をしたいですか？」

これだと長すぎて、その意味を理解することに意識が向いて、肝心の質問の答えにたどり着きません。

実はこの質問で聞きたかったことは、これだけのことなのです。

「何でも叶《かな》うとしたら、何をしたいですか？」

もし、質問が長くなるようならば「さらに短くするには何を削ぎ落とそうか？」と、考えてみましょう。

本音と本気を引き出す心得

32「削ぎ落とそう」

何を失うと思っていますか？

失うものがあると思うと、怖くて一歩が踏み出せません。

チャレンジしようという気持ちがなくなり、安全に進んでいこうと当たりさわりのない選択をしてしまいます。

でも、真の成功をしている人は、失うものはないということを知っています。もしくは、失ったとしても、本当に必要なものはすぐに戻ってくるということを知っています。

仮に戻ってこなかったとしても、また一からやり直すことができるのです。

もしかしてあなたには、「相手に聞くことが怖い質問」があるかもしれません。

「こんなことを聞いたら、信頼を失うのではないだろうか？」

「関係性が崩《くず》れてしまうのではないか？」

「二度と会えないことにならないだろうか？」

というように。

たとえば、過去の失敗や、お金のこと、男女関係のこと、親との関係など。

でも、もしそれが「そこに向き合わないと問題が解決しない」内容であれば、勇気を持って質問をしてみてもよいのです。

それを聞いたことで、関係性が崩れるものであれば、それまでの関係だったということです。

関係が変わることを危惧《きぐ》するのではなく、質問する側は相手を信頼すべきです。

信頼しているということは、相手からも信頼されているはず。

お互いを信じ合う、関係性ができていることになります。

相手を恐れず失うものを気にせず、質問をしていきましょう。

本音と本気を引き出す心得

33「恐れず手放そう」

言葉の奥には、どんな意図がありますか？

言葉はとても大きな力を持っています。その発言に心が動いてしまうこともあるでしょう。しかし相手が発する言葉は必ずしも真実ではありません。

その言葉の奥に何があるかを感じることが大事であり、どんな意図を持ってその言葉が出てきているかを察することが大事なのです。

言葉によって心は動き、落ち込むこともあれば喜ぶこともあります。他人の言葉にはとても影響を受けやすいのです。

以前講演をした時に受講者の方が「今日は最悪」とつぶやいていました。

それを聞いてしまった私は動揺してしまい、その後の話がいつものようにうまくできないことがありました。

どうしてもその一言が気になり、その受講者の方に、
「今日はどうでしたか？」
と聞くと、
「とてもためになりました」
と答えてくれました。喜んでもらえていることは嬉しいのですが、不思議に思い最悪とつぶやいていたことを伝えると、講演がつまらなかったのではなく、家族からのメールでよくないことが起きたことを知り、それで最悪とつぶやいてしまったそうです。

でも、講演の中で質問によって気持ちを切り替える方法がわかり、そのことも解決したと感謝されました。

私の思い違いでしたが、言葉によって影響されてしまったことは事実です。

人から何かを言われると、その言葉が引っかかって気になってしまうものです。

何かを質問して答えをもらった時も同じです。

相手の答えによっては、その答えに影響され動揺してしまうかもしれません。

でも、実は答えの内容はどうでもよいのです。

そもそも答えに対して、何かを期待をしてはいけません。

相手の言葉は事実かどうかもわからないし、本当かどうかもわかりません。質問した時に大切にするべきものは、「答え」ではなく「答えが出る直前まで」なのです。

真剣に答えようとしているのかどうかを見極めること。

相手の本当の答えが出るまで待ち、そして答えたことを承認する。

これが大事なことであり、何を答えたかはどうでもいいのです。

「答えが出たということ」に価値があります。ですから、答えに影響されなくてもよいのです。

以前、ある高校で魔法の質問の授業をした時に、こんなことがありました。

「何でも叶うとしたら、何を叶えたい？」という私の質問に多くの生徒は将来の仕事のことや夢を答えてくれましたが、「悪魔になりたい」と答えた男子学生がいました。

周りの先生たちも「そんな変な答えをしないで、ちゃんとした答えを言いなさい」という気持ちで見ていました。

私は最初、少しその言葉に影響され戸惑《とまど》いましたが、気をとり直して、相手にさらに質問をします。

「そうか、悪魔になりたいんだ。悪魔もいいよね。でも悪魔になったら何をしたいの？」

ここで大事なのは、出てきた答えを否定せずに、答えが出たプロセスを承認してあげることです。出てきた答えをジャッジする必要はないのです。

彼の答えは、

「悪魔になって、思い通りの世の中にしたいんだよ」

さらに深く質問をしました。

「思い通りの世の中にするのも面白いよね、ではその思い通りの世の中ってどんな世の中なの？」

彼はそこまで考えたことはないようで、一生懸命考えて答えてくれました。

「不公平のない、すべての人が平等な世の中だよ！」

彼の願いは、人類が平等であること、世界が平和であることだったのです。彼の言葉で言えば、思い通りの世の中をつくる力を持った存在は、悪魔だということなのでした。

多くの人は、こんな時「悪魔」という言葉のイメージに引きずられて、その答えを否定したり、心配したり、怖がったりしてしまいます。

「なに変なことを言ってるんだ」と叱りつける人もいるかもしれません。

でも、そんな反応をされたら、誰でも思ったことを口にすることをやめてしまいます。どうせ言ってもわかってもらえないのだから、と。

相手の言葉に対しては「そういう意見もあるんだ」と受けとめて、その言葉にとらわれすぎずに、気になる部分は「それはどういう意味なのか」を掘り下げて確認すればいいのです。ニュートラルに平常心で。

相手の答えや言葉に引きずられずに、その人の本当の想いにフォーカスしていきましょう。

本音と本気を引き出す心得

34「相手の言葉の奥を知ろう」

どんなベストなことが起きましたか？

何か物事が起きた時、それをどう捉えるかによって、人生は変わってきます。

うまくいかない人は、「なんでこんなことが起こったんだろう？」と考えがちです。

そもそも人間は、無意識でいると欠けたところに目がいくようになっているのです。早めに危険を察知しないと、命をつなぐことができないため、そのようになっているのです。だからこそ、どんなにうまくいっている時でも、小さな不満やこれじゃダメという部分が目につきます。

もし、うまくいく人生を送りたかったら、目にするものを変えていく必要があります。

欠けているところではなく、すでにあるものにフォーカスするのです。

「できていること・すでにあるもの」に目を向けるのは、意識的に行って習慣化する必要があります。気を抜くと、すぐに欠けているところに目がいく状態に戻ってしまうからです。

だからこそ、無意識を意識化する質問が役に立ちます。

「できていることは何ですか?」と。

人間関係でも同じです。人の欠点が目についてしまうのです。でも、欠点と思えることも、違う角度から見てみたら、長所に変換できるものです。

「話すのが苦手で静かな人」は「物腰がやわらかくて安心させてくれる人」ですし、「いつも熱く声が大きい人」は「やる気に満ちあふれ、人を応援できる人」と言えます。

常に、長所を探す視点を持ちましょう。

「この人のいいところは、どこだろう?」と自分に質問をしながら接するのです。

そして、そのいいところを実際に伝えてみましょう。

相手も「欠けているところに目がいく」普通の人ならば、自分のいいところに気づいていません。教えてあげると、とても喜ばれます。

ほめられることは、承認されるということです。

承認欲求が満たされると、心のグラスが満たされ、エネルギーが湧いてきます。

どこを見るかによって、人間関係も自分に起こる事柄も変わってきます。

何事もネガティブに見てしまうと、なんでこんな目に遭《あ》うのだろう、という出来事が起こります。

なんでこんな選択をしてしまったのだろうと後悔ばかりしてしまいます。

ポジティブに捉える人であれば、人のいいところが目につきます。

なんでこんなに運がいいんだろう、というラッキーな出来事が起こります。

起こった出来事そのものを、変えることはできません。

でもその出来事をどう捉えるのかは、変えることができます。

それを教えてくれたのは、いつもよく一緒に旅をする友人たちです。

とにかくこの人たちは、悲しいことが起きてもまったく落ち込むことがありません。

旅先の街で、「一番おいしいというレストランに行こう！」と出かけたら、臨時休業。

やむなく近くの別のレストランに入ってみると、予想以上の美しさです。「私たちってツイてるね」と笑顔で食事を楽しみます。

これは運がいいことばかりが起きているのではなく、起こった出来事を素直に受け入れ、それを楽しみに変えているだけなのです。そしてこれは誰にでもできることなのです。

起こったことにどんな意味を見出すのかで、出来事は変化していくのです。

一見、不幸な出来事も、喜びを倍増するためのスパイスでしかありません。いつも「これを選んでよかった」と思っています。

よくないことにフォーカスして後悔することと、いいことにフォーカスして、「これを選んでよかった」と思うこと、どちらを選んでいきたいですか?

本音と本気を引き出す心得

35「ベストなことを見つけよう」

第5章

「どうすればいいと思う？」

──実行に移すための質問

思っているだけでは何も変わらない

まず、何から始めよう？
自分がする行動を、具体的に考えていくことが大切です。
とにかくやってみる。
実践することで見えてくる、次の道があります。
急激に変化を求めるよりも、
少しずつ積み重ねるほうが、力になります。
小さな一歩を踏み出しましょう。

センスを磨くために何をしますか？

技術はないよりもあったほうがいい。でもその技術を使いこなすセンスがなければ、持っていないに等しいのです。

あなたは、あれもできたらいい、これもできたらいいと、資格をとったり技術を身につけたりしたいと思っていませんか？

もちろん技術を身につけることは重要ですが、もっと大切なのは、技術を活かすためのセンスを磨くことです。

技術とは、ある一定のクオリティを出すところまでは必須のものなのですが、それを超えると技術だけでは出すことのできない領域に入ります。そこで必要なのがセンスなのです。

音楽でプロを目指している人は、みんな技術があります。でも技術がある人が全員売れるかというと、そうではありません。

そこにセンスが必要なのです。このセンスがないと、人の心は動きません。時にはセンスは技術をもカバーするかもしれません。

センスとは持って生まれたものだと思うかもしれませんが、そうではありません。センスは磨けるのです。

小学生の頃から何もわからずに、母に連れられて、よく美術館に行っていました。絵を描く才能もなく、好きでもなく、その科目の成績もよくないのに、何度も連れられていきました。

そして母は言うのです。

「よくわからなくても、たくさんいい絵を見ているうちにセンスが磨かれるのよ」と。

学んだり勉強をしたりしなくても、たくさん触れることで磨かれるという言葉は、今でも覚えているくらい衝撃的な言葉でした。

たとえその時、理解はできなくても、いいものをたくさん見ると、見る目ができます。

これは好き、これは好きじゃない、という自分なりの指標ができるのです。それを積み重ねていくことが大事なのです。

その結果、芸術大学に入ることもでき、少しはセンスが磨かれたと感じています。

その分野のいいものにたくさん触れる、これがセンスを磨く一番の近道だったのです。

そして、質問も同じです。

尋問にばかり触れてしまうと、尋問のセンスは磨かれるのですが、いい質問ができるようにはなりません。

いい質問ができるように質問のセンスを磨くには、いい質問にたくさん触れることが大事です。質問を自分に投げかけ、答えてみましょう。

たくさんのよい質問に触れて、センスを磨いてください。

本音と本気を引き出す心得

36「技術よりもセンスを磨こう」

今を大事にするためにできることは何ですか？

未来を考えるより、その未来をつくり上げる今の瞬間が大事です。たしかに大きな目標を立てることは大切です。でも、それが大きなプレッシャーになり、行動できなくなってしまうのでは意味がありません。

たとえば「英語を話せるようになって世界で仕事をする！」と目標を立てたとします。

しかし、その目標が大きすぎて、何から手をつけていいのかわからない。やる気が出なくて、全然前に進まない、という状態のことです。

動けなくなる理由は、その目標達成のために、やることが複数含まれているからです。

「英語を話せる」状態とはどのレベルだろう？　どんな学習法を選ぼう？

「世界で」と言っているが、具体的にはどこの国のことだろう？

「仕事をする」というのは、具体的にどの仕事を指すのだろう？

ゴールが遠すぎたり、望む姿が大きすぎたりすると、
「そうはいっても、今の自分に何ができるんだろう」
「そもそも、こんな目標を立てたこと自体が無理だったんじゃないか」
と、前に進むことができなくなる人が多いのです。

そんな時こそ、質問の出番です。

「そのために今できることは何だろう?」と考えてみましょう。必要なことを分解し、「今この30分でできること」を見つけて実践していく。その積み重ねが、成果になります。

目標とは、今の活動やパフォーマンスを最大限に活かすためにあるのです。

先を見ることばかりに意識が行くと、質問をするときも先の先のことが気になってしまいます。すると目の前の相手が、今何を話しているかを聞く余裕もなく、相手のためになる質問ができなくなってしまうのです。少し先の未来を見る目と今この瞬間を見つめる目の両方を持って、小さな一歩を重ねていきましょう。

本音と本気を引き出す心得

37「今に集中しよう」

その出来事からの学びは何ですか？

失敗は自分への最高の贈り物です。そう気づいたのは、だいぶ後になってからです。あの時に違う選択をしていたら、こんなことにはならなかったはずと、つい思ってしまうのです。後悔ということは、今の選択を失敗だと思っている状態のことですが、実はその「失敗」からしか成長はできません。

私の場合でいえば、大学を出てすぐ会社を起こし、まだほとんどの会社がやっていない時期にインターネットの仕事を始めました。当時は最先端の仕事で、刺激も多く楽しい時間でした。しかし、いいことばかりではなく、結果的に事業に失敗し数千万円の借金ができたり、仲間が去っていったり、会社そのものがなくなる、という局面を迎えました。

「やらなければよかった。なんでこんなことを始めてしまったんだろう？」

一瞬そう後悔しました。でも次のように自分に質問をし直しました。

38「後悔を手放そう」

「ここからの学びは何だろう？」「ここで得たものは何だろう？」

後悔をしている思考では、その価値は見つかりません。

質問によって気持ちが切り替わるのです。

その後に心理学やコーチングの仕事を始めたのですが、ライバルが多いビジネスでした。以前の起業失敗から得たものはインターネットを使いこなすこと、それを自分の強みと認識し、おかげでその分野で誰よりもインターネットを活用し、今があります。

過去の自分に対して、後悔するのではなく、「そこで得た価値」に着目する。

それが、その人の中の「宝」を見出すことになります。

「私なんて何もしてきていない」そういう人は多いかもしれません。

でも、後悔や失敗は誰にでもあり、その後悔は価値に変えられるのです。どんな人にも素晴らしい宝があるのです。その宝を見つけ、何をプラスしたらさらによくなるのかを追求することで、これからの人生が切り開けるのです。

それを本当に続けたいですか？

継続は力なり。ですが、すべてのことを継続しなければいけないわけではありません。一度始めたら、ずっと継続したほうがいいと信じている人は、少なくないと思います。

しかし、「取り組むべきことをずっと継続すること」と、「やめるべきことに執着《しゅうちゃく》し続ける」のでは、大きく違います。

執着かどうか確認する質問は、「それを、心から本当に続けたいか？」です。

その答えが「ＹＥＳ」であれば執着ではないし、「ＹＥＳ以外の答え」であれば執着している状態なのです。

やめる時や手放す時は怖くなります。今までやってきたことを否定することになるのですから。

でもそれは、終わりではなく新たな始まりなのです。

手放すからこそ、新しいものが生まれ、次の行動が起こせるのです。

以前、就職したい方向けの学校を経営していました。

就職するためスキルだけではなく、自分で考え答えを見つけることができる質問力が学べる学校です。教室も借り、大量のパソコンや机と椅子を買い、講師とスタッフを雇い、最初は順調に事業を運営していました。

しかし時がたつに連れ、売り上げは減少し、このまま維持できるかもしれないけれど、ずっと赤字になっていく可能性が高いという状況になりました。

すでに銀行から1000万円以上の借り入れをして事業を始めており、もしやめるとしても処分するための経費がさらにかかります。

続けたいと何度も思いましたが、

「それを心から本当に続けたいか？」

と自分に問いかけたら、

「たくさんの設備投資もしたのでやったほうがいい」

という答えが出ました。

これはYESのように見えますが、やりたいという答えではありません。つまり心からやりたいわけではないけれど、NOではない、という答えです。

この心境は執着していることになります。

それに気がついた私は、やめる決断をしました。借金は残り、仕事のなくなったスタッフも残りましたが、執着していたものを手放すことによって、新たなものが入ってきました。質問力を伝える授業は別の形で全国へ広がり、スタッフはそれぞれが自分の得意で好きなことを見つけ、新たな役割を担《にな》い、前よりも活躍しました。

これは執着していたら決して訪れなかったことです。

今まで大切に育ててきたものや、愛情を持って関わってきたものほど執着してしまいます。でも必ず別れるタイミングが来ます。それは次のステージにいくためのサインでもあるのです。

本音と本気を引き出す心得

39「潔《いさぎよ》く手放そう」

何にコツコツ取り組みますか？

コツコツは、未来を変えます。一見無理だと思うことも少しの経験を積み重ねることで、成し遂げることができるのです。

でも、少しずつよりは一瞬で変わったほうがいい、少ない労力で最大限の成果を得たいと思ってしまうのではないでしょうか。

たしかに、ビジネスでは、これができる可能性があります。

しかし、技術を身につけることにおいては難しいのです。

コツコツ取り組まないと、しっかりと身につけることはできません。

またこれは、24時間続けてやるよりも、1時間ずつを24日、いや10分ずつを144日続けてやったほうが確実に力はつきます。

まとめて覚えたり身につけたりしたものは、忘れるのも早いのです。

結局、少しずつ毎日やることが、身につく一番の早道です。

体で覚えることの場合は、それが顕著《けんちょ》です。

小学生の頃、私は、泳ぐことができませんでした。

夏休みに3日間の「特別練習」を受けることになりました。でも、3日間では泳げるようにはならなかったのです。

そこで今度はスイミングスクールに、週2日だけですが通うことにしたのです。そうすると、1か月もしないうちに、どんどん泳げるようになっていきました。体で覚えることは、一度にまとめてよりも少しずつ積み重ねることが大事なのだ、と身に染《し》みた出来事でした。

体を使うことだけでなく、何か技術を身につける時も同じです。

企業に行って、2日間の質問力研修を行うことがあります。

皆さん、研修の直後は、「質問って素晴らしい」と感じているのですが、1か月後にはすっかり忘れてしまうのです。

ところが「研修には参加できないのですが、質問を学びたいです」という人がいました。

「毎日、何をやったら質問力が身につくでしょうか」と聞かれたので、「毎日、1つの質問に答えてみたらいいですよ」とお答えしました。

その人は、質問のウェブサイトを見て、毎日1つの質問に答えていきました。

3か月後くらいにその人に会う機会がありました。約100日間毎日続けていたようです。その時にはすっかり質問上手になっていました。

毎日少しずつ続けて積み重ねる、ということのすごさを感じる出来事でした。

読者の中に、毎日質問に答えることを3年も続けている方がいます。質問に答える時間は1日のうち数分かもしれませんが、コツコツと1000回以上答えていたようです。

その方から聞いたことによると、自分でも質問力が身についていることを実感するだけではなく、人にどんな質問をしたらよいかがわかるようになっていったということでした。

彼と話すといい質問を投げかけてくれるので、気分がスッキリしてやる気が出ると評判になり、職場でも質問を活用するようになったそうです。

その結果、売り上げ最下位の店舗が「地域売り上げナンバーワン」に変わったのです。今では、成績が奮わない店舗へと派遣され、売れる現場づくりに力を発揮しています。

このようにコツコツと続けることで、必ず変化が生まれるのです。

長い時間を一気にやるよりも、ほんのわずかの時間を続けてみる。私自身も続けることは苦手ですが、続けるコツは毎日できる範囲でしかしないということです。

30分を毎日できるかどうかを自分に問いかけ、無理であれば10分だったらできるのか？　5分だったらできるのか？　そう問いかけて10年以上も続けたのが、魔法の質問の毎日の配信でした。これには1日5分ほどしかかけていません。

しっかり時間をとってやろうとするよりも、小さなことでも続けられる時間だけコツコツと続けてみることをやってみましょう。

本音と本気を引き出す心得

40「コツコツ取り組もう」

見えない部分に何がありますか？

表面的に見えるところは、どのようにでもつくることができます。

でも、本当の部分は、あまり見えません。

大きく見せたい、きれいに見せたい、そんな欲求があなたにもあるかもしれません。

でも、表面的な部分に影響されるのは、一部の人でしかありません。多くの人は、その見えない部分を見て、あなたを判断しています。

見えない部分というのは、プロセスや、その裏側で何が行われているかということです。

たとえば、「ビジネス書ランキング1位！　今この本が売れています」という見える部分があったとします。売れているならいい本かもしれない、これを読めばビジネスがよくなるのかもしれない、と影響されて買う人もいることでしょう。

でも、それより大事なことは、この本を読んで喜んでくれた人がどのくらいいるのか。

その人たちにとって、本を読んだからこそ生まれた成果に、どんなものがあるか、ということなのです。

読んだ人に変化が起こったか。成果が生まれるきっかけをつくれたかどうかです。

これは決して目で見ることはできない部分です。これを大事にしなければいけません。

なぜなら、数字は操作できるからです。

そして、数字が大きいことと読者に与える影響は、確率は上がっても正比例はしません。

買っただけで読んでない人もいれば、読んだけれども行動に移していない人もいるのです。本を読んで「勉強になった」で終わっていたら、そこからは何も生まれません。

あるいは、図書館や友人から借りて読んだ人で、感銘を受けてそこから行動が変わり、成果があがったというケースがあるかもしれません。

買ったかどうかや書店での売り上げにカウントされたかどうかなどの数値だけでは、その真の効果を計ることはできないのです。

たとえば、ＳＮＳの投稿に１０００以上の「いいね！」がつく。これは、目に見える評価です。このようなものに一喜一憂している人もいるかもしれません。でも、本当に大切なのは、その記事を見て「心が動いた」という人の数のほうです。

人は、心が動くと、体も動くものです。その出来事に影響されて、人にその話をしたり、自分で取り組み挑戦したりするなど、それがきっかけになって、何かが起こっていくことでしょう。

そんな影響を与えることができたというのは、数値には表われない価値なのです。「ランキング1位」の大きな数値より、「私はこんなに変化しました」というたった一人の体験談のほうが、価値があるかもしれません。

この見えない部分で起こっていることを知ることで、他者からの評価、目に見えるもので判別されることが、怖くなることでしょう。

仮に100冊しか売れなかった本でも、その本で人生が変わった人が10人いたら、それはとても素晴らしい成果ではないでしょうか。

それはもちろん、本を出版することに限らずすべての商品やサービスにおいていえます。

また見えない部分といえば、料理にも同じことがいえます。

実家が寿司屋なのでお寿司を例にとると、職人が目の前で握って出すのはほんの数秒の出来事です。

見た目も美しくおいしそうで、あとはそれを味わうだけなのですが、一つのネタを仕込むのに想像以上の手間をかけます。この部分は目に見えない部分であり、つくり手にならないとわからない苦労です。その見えない部分も感じることができると、より感謝が生まれ、心なしか味も変わってきます。

人は、目に見える部分でしか判断しないことが多いのです。だからこそ目に見えない部分を想像し、大事にしていきましょう。

質問をする時において、目に見えるというのは相手の答えを聞くということ。そして目に見えないというのは心の中の答えに耳を傾けてみるということです。

目に見えないものに、焦点をあてていきましょう。

それが、真の価値を見つけることになります。

本音と本気を引き出す心得

41「見えない部分を大事にしよう」

どんな関わり方をしますか？
育てるために

私は完璧な人間です、といったとしたら、あなたはどう感じますか？

きっとそんな人はいないはずだと思うでしょう。

まさにその通りで、完璧な人間はいません。でも、時にそれを忘れることがあります。

いつか運命のパートナーと出会って結婚をしたいと思っていても、なかなか見つからないという話を聞きます。恋愛でパートナーが見つからないという人の共通点は、「完璧な人がいるはずだ」と思って探しているところです。

完璧というと大げさですが、求める条件が多いといえばわかりやすいかもしれません。優しくて高収入でセンスがよくて……というように本人は完璧を求めているようには感じていないのですが、なかなかそんな条件を満たす人はいません。

会社での採用も同じかもしれません。経理もできてチラシもつくれてインターネットにも詳しくて雰囲気がいい事務スタッフを見つけたい。でもやはり、そんな何でもできる完璧な人はいません。

だから探しても探しても見つからないのです。人には誰しも不完全な部分があるからです。つい完璧な人を求めがちですが、そんな時にこそ、育てるという視点を持ちましょう。育てると考えれば、今はまだ、できていない人でいいのです。

これは誰でもいいと言っているわけではありません。まずは、お互いに取り組む気持ちと姿勢があればよいのです。真剣にやりたいと思い合えば、そこからがスタートになります。すでにできている人を探せば育てる時間は短縮できますが、見つけるのに時間がかかります。見つかればいいのですが、いつまでも見つからないということもありえます。

さらにできるなら、向かうべき方向が同じかどうかだけは確認しましょう。

仕事であれば経営理念やビジョンなどの想いに共感し合えるかどうか、恋愛であれば、お互いにどんな人生を送りたいかに共感し合えるかどうかです。

この「想い」が同じであるかどうかが、育つスピードに大きく影響されるのです。

そして、育てる場合においては、こちらが伸ばしたいところと、相手が伸ばしたいところが一致していることが重要です。

あくまでもできているかどうかではなく、取り組みたいと思っているかどうかだけに着目します。相手が伸ばしたいと思っているかどうかはこちらで知ることはできません。そのためには相手の話を聞くことから始まります。相手に要求をするのではなく相手のことを知るのです。何に取り組みたいのか、何を大事にしたいのか、どんなことをやっていきたいのかに耳を傾けてみましょう。

「何かを一緒にやっていく関係性」において大切なことは「どのような人生をつくっていきたいのか」であり、「そこに必要な要素は何か」です。

この部分が合っていれば、それ以外の条件は重要でなくなるのです。人は変化をしていけるし、相手を育てていくことができるからです。

今できている、できていないでジャッジせずに、よくなっていくと信じて、見守り、育てていきましょう。

うまくいっているところはどこですか？

人は誰でも、ほめられると嬉しいものです。それは、小さなことであっても。

でも、人をほめるということは、なかなかできないかもしれません。ダメなところをたくさん見つけては、文句ばかりを口にしてしまいます。そもそも、人は意識をしないとマイナスな点ばかり目につくようにできているからです。

すべてのものには改善点もあれば、うまくいっている部分も必ずあるのです。

ですから、最初にうまくいっている部分をほめてあげましょう。

改善点を指摘するのは正しいことではありますが、相手にとって嬉しいことではありません。

まず、ほめた後で改善点を伝えてみましょう。認められていると感じないと、改善したいという気持ちにもなりません。

小さくほめられるかどうかは、質問をする時にも影響します。

質問は話を聞くことから始まりますが、話を聞くと、ついアドバイスをしたくなります。

しかし、大切なのはアドバイスをすることではなく、相手が自分で答えを見つけること。

そのためにも、「ここができていないよ」「だったら、こうしてみたら?」といった改善のアドバイスをしたくなる気持ちは、ぐっと抑えてほしいのです。

そのかわりに、まず、小さなことをほめます。

できている部分や、頑張っている姿勢など。

その後に質問すると、相手は答えやすくなります。

小さいことでもほめることができると、人間関係は良好になります。人も自分も、いいところを見つけられると、モチベーションもあがります。

ぜひ、毎日やってみてください。

本音と本気を引き出す心得

43「小さいことでもほめよう」

言えないことは何ですか？

あなたには、言いたいけれど言いにくいことはありませんか？

「もっとこうしたほうがいいのにな」と思っていても発言したら自分がやらなければいけなくなるとか、いろいろ面倒なことになりそうだなどと考え、言うのをやめてしまったことがあるかもしれません。

言いにくいことは言わない。そうすれば、今と何も変わらないので問題も起きにくいですし、関係性も今のまま維持することができます。

しかしそれでは、成長や変革は起きません。そしてそれは突然トラブルになることもあります。言いたいことを我慢していると、いつかそれが爆発して、不満がたまっていた社員が突然みんなやめる、ある日突然、離婚届けが置かれていたなど、これらのことがまったく起きないという保証はありません。

小さなことでもきちんと口に出し、対話をしていれば、大きなトラブルにはなりません。

言いにくいことでも言える関係は、雰囲気がとてもいいです。

言いにくいから言わない、というのは、面倒なことを避けているだけで、真摯に向き合っているとは言えません。

言いにくいことこそ「今」口にすることができれば、もしそのことで相手がダメージを受けたとしても、傷は浅いのです。そして、どうにでも軌道修正できるのです。

だからこそ、ちょっと感じた違和感をすぐに口にできる環境づくりが大切なのです。

私は今、場所にこだわらずに仕事をしています。それはスタッフ全員も同じ環境です。

毎日会うことができるのであれば、ちょっとしたことでも口にできるかもしれませんが会うこと自体がほとんどないと、伝え合う機会もありません。

でも、その状況のまま続けていると不満がたまって関係性が悪くなることでしょう。

そんな時はチャットを使い、思っていることや感じていることを短いメッセージで気軽に伝え合うことにしています。

もしかしたら、口で伝えるよりも、このような手段のほうが伝えやすいケースもあるかもしれません。

会ってたくさん話すという量の多いコミュニケーションはなかなかできませんが、それよりも思ったことを回数を多く、短く伝え合っています。

お互いの関係性やその人の状況に違和感があった時こそ、声をかけてみる。そんなことを重ねていくことで、大きなトラブルになることはほとんどありません。

家族においても同じく、気になったことや些細なことを思った瞬間に伝え合うようにしています。

「気になった部分があるんだけど、伝えてもいい？」

と確認の質問をした上で、伝えていきます。

触れ合う機会が多いからこそ、嫌だな直してほしいなと思う場面が多いことでしょう。それがずっと繰り返されると伝えるのも面倒になり、いつしか注意すらしなくなります。でも心の中では嫌だと感じているのです。

そうなる前に、思ったことを口にする。とてもシンプルで簡単なことですが、時間がたてばたつほど、言いにくいことへと変化してしまいます。

言いにくいことを伝え合えれば、相手との関係性もよくなり、本気で関わり合える関係になれるのです。

本気で関わるにはエネルギーが必要だし、大変なことです。

でも、本気で関わるからこそ、相手も本気で答えてくれるのです。

ふだんから自分の気持ちを大事にし、口に出すことを行っていきましょう。

本音と本気を引き出す心得

44「言いにくいことこそ言おう」

その本質は何ですか？

表面的なことに意識が向くと、その奥にある本当の大事なことを見失ってしまいます。より本質的なことを探す視点を持ちたいものです。

あるレストランに行った時のことです。

スタッフはみんな笑顔なのだけど、よく表情を見ると目が笑っていないことに気がつきました。

これは心からの笑顔ではないはずです。

表面的には笑顔なのですが、本当の笑顔には感じられません。もちろん、忙しかったり大変だったりした時はずっと笑顔でいることは難しいと思いますが、その様子はお客様に伝わってしまいます。

ただ純粋に、

「この仕事、楽しいんだよね」

「お客様に楽しんでほしい！」

そんな気持ちが心から湧いてくるのであれば、無理やり笑顔をつくらなくても、思わず笑顔で接することが多くなるはずです。

「笑顔で接客する」というマニュアルが先行するだけでは、本質的な笑顔がない状態になってしまうのかもしれません。

表面的に取り組んでいても、大事にすべきは本当のところは、どんな気持ちなのかということです。

質問にも、表面的な質問と本質的な質問があります。

表面的な質問は表面的な答えを生み出し、本質的な質問は本質的な答えを生み出します。

表面的に生きている人は、本当の答えを見つけにくいものです。質問する側が表面的だと、答えもそれなりになってしまいます。

たとえば、会社をやめようかどうか悩んでいるスタッフに、

「今の仕事、続けたいの？」

と質問したとしましょう。

この質問は、ただ今の仕事を続けたいかどうかの確認をする表面的な質問です。

本当は続けたくない。でもやめたら給料がなくなってしまうという恐れもあるので、「……続けたいです」と答えることでしょう。

「そう。じゃ、頑張ってね」というやり取りで終わってしまいます。

これも表面的な答えです。

なぜならば、続けたいと言っているから、やめないで頑張ってくれるだろう、と都合よく解釈しているだけだからです。

そして、ある日突然「もう続けられません。やめます」と言われて驚くということが起こります。

相手の本音を聞き出すためには、「本当に?」「なぜ?」といった質問で、その人の本当の気持ちを知るために掘り下げることが必要になってきます。

「……続けたいです」

「続けたい理由は何？」

「収入の面もあるのですが、それよりも自分が必要とされている実感がもっと得られるなら続けたいです」

「どうなったらその実感が湧くかな？」

「前から取り組みたいと思っている企画があって、それができれば私も会社の役に立っていると実感できるかもしれません」

「本当にそれに取り組みたいんだ？」

「そうです！　ぜひやってみたいです」

というように。

目の前の言葉に対して質問をしていても、見えないものがあります。

本当のところを知るには、答えの言葉以外のところを見ることが大事ですし、その言葉がどこから生まれてきたものなのかということを知ることが大事です。それを引き出すのが本質的な質問なのです。

また、すぐ出てくる答えは表面的な答えの場合が多いです。答えが心の中の深いところにあるわけではないので、じっくり自分と対話をしなくてもすぐに出てきてしまうのです。しかし、表面的な答えは自分の本当の答えではない場合が多いのです。そのため心からの答えではないので、行動につながらないこともよくあります。

一方で、本質的な答えの特徴は答えるのに時間がかかります。心の奥に答えが眠っているので、そこにたどり着くまでに時間がかかるのです。

でもこの本質的な答えに出会えれば心の奥から安心し、余計な力が抜けます。力が抜けるので心からの行動がすぐにできるようになるのです。

より本質的な質問を投げかけて、奥に眠っている答えを、愛を導きましょう。

本音と本気を引き出す心得

45「表面よりも本質を観《み》よう」

経験をするために何から取り組みますか？

新しく何かを学ぼうとする時、知識だけを覚えようとしがちです。

「これを覚えれば大丈夫」というものを知りたくなるのです。

それは、知識があればうまくいくと思っている時の発想であり、実際は物事はやってみないとわかりません。

たとえば、ゴルフを上達したいと思う時、レッスンブックを読んで知識を得ても、それだけではうまくいきません。

それは誰もが納得できることでしょう。

でも「初心者でもできるゴルフ上達のための10の秘訣」などというものがあったらどうしても欲しくなるのが人情です。

知識を得たら、すぐに実践し経験を重ねていくことが必要なのです。経験にまさるものはないのですから。

知識があれば大丈夫と思う時は、せっかく覚えた後も怖くてなかなか実践できないかもしれません。

「学んだけれど、実践するのは先にしよう」

そう思って、ずっと何もしないまま時がたってしまいます。

一方で、経験が大事と知っている人はすぐにやります。アウトプットを増やしていかないと、成長はないということを知っているからです。

たとえば、この本を読んでみて、どの質問に答えたくなりましたか？　自分の状況や環境で使ってみたい質問はどれでしょうか？

まずは、考えるよりもやってみてください。

「知っている」と「やっている」の溝は、「知っている」と「知らない」の溝よりも、深いのです。

いい質問を覚えるよりも、いい質問を使うもしくは答えてみる、ということをしていきましょう。

使えば必ず、変化が起こります。
その変化は、自分にも周りにも、いい影響を与えてくれます。
考えるよりもまず実践。少しでも経験を積んでみてください。

本音と本気を引き出す心得

46「知識よりも経験を大切にしよう」

おわりに――

質問は未来をつくる

一人でも多くの人が、その人らしい生き方ができる世の中をつくりたい。

そんなビジョンのもと、今まで活動してきました。

どんな人生が自分らしい人生なのか、それは自分に質問し対話していかないと見えてきません。だからこそ、質問が大事であり日々自分に問いかけることが大切なのです。

誰かに質問をすることよりも、自分にどんな質問を投げかけるかが大事ということを、この本を通して感じていただければ幸いです。

学校に授業に行った時に「未来質問」という質問ワークをします。これは未来に行ったつもりで質問に答え合うのですが、一人で机の上で将来のことを考えている時よりも、質問し合ったほうが、夢やなりたい仕事のことなど、未来のことが湧き出てくるようです。

そう、質問は未来をつくるのです。
自分の中に眠っている答えを見つけることほど素晴らしいものはありません。
それは、ちょっとしたきっかけがあれば誰にでもできることです。
頭で考えるのではなく、心から生まれてくる答えを大切にしてください。

ニューヨークの国連国際学校では、さまざまな国の子どもたちに授業しました。言葉も文化も違うけれども、自分で答えを探している子どもたちは目の輝きが違っていました。そして、その子たちも自分で出てきた答えに驚いていました。
質問は本当の自分と向き合う、いい機会にもなると確信しました。

魔法の質問メソッドは今や世界に広がり、私の知らないところでも活用されているようです。経営者や学校の先生、子育て中のお母さんから人生で悩んでいる若者まで。年代も業種も超えて広まっているのは、私だけでなく5000人を超える魔法の質問のインストラクターがいるからです。

この本で質問に少しでも興味が出てきたら、一緒に活動をしてみませんか？

この本は今までの私の魔法の質問の活動の集大成の本でもあります。それだけに書き上げるのにとても時間とエネルギーをかけました。長いあいだ待って編集をしてくださったきずな出版の岡村季子さんには心から感謝いたします。またこの本を世に出すことを後押ししてくださった來夢先生にも感謝いたします。そして質問のエッセンスを綴《つづ》るお手伝いをしてくださったはにわきみこさん、シャンパンタワーのイラストを描いてくださったhicographさんをはじめ、魔法の質問に関わってくださったすべての人に感謝します。

そして、いつも心から応援してくれる人生のパートナーの妻に感謝します。

最後までお読みいただきありがとうございます。

伊豆の神秘的なホテルにて

質問家　マツダミヒロ

＊この本の印税は、子どもたちの未来をつくる質問の授業のために
すべて『一般財団法人しつもん財団』に寄付させていただきます。

●著者プロフィール

マツダ ミヒロ

質問家。「魔法の質問」主宰。
自分自身と人に日々問いかけるプロセスを集約し、独自のメソッドを開発。2004年より日刊メルマガ「魔法の質問」を開始。5万人が読むメルマガとなる。質問を投げかけ、参加者が答えるスタイルの「魔法の質問ライブ」を軸に、日本全国・海外で講演を行う。日本メンタルヘルス協会公認カウンセラー。著書に『こころのエンジンに火をつける魔法の質問』(サンマーク出版)、『ビジネスで一番大切なしつもん』『しつもん仕事術』(日経BP社)、『賢人たちからの魔法の質問』(日経ビジネス人文庫)などがある。

魔法の質問
SHITSUMON

http://shitsumon.jp/

質問は人生を変える

――「本音」と「本気」を引き出す力

2018年5月 1 日　第1刷発行
2018年7月10日　第6刷発行

著　者　マツダミヒロ
発行者　櫻井秀勳
発行所　きずな出版
東京都新宿区白銀町1-13　〒162-0816
電話 03-3260-0391
振替 00160-2-633551
http://www.kizuna-pub.jp/

ブックデザイン　福田和雄（FUKUDA DESIGN）
印刷・製本　モリモト印刷

 ISBN978-4-86663-034-2

きずな出版